WIRED FOR STORY

The Writer's Guide to Using Brain Science
to Hook Readers from the Very First Sentence

写作
脑科学

[美] 莉萨·克龙 著
Lisa Cron

钟达锋 译

如何写出
打动人心的故事

机械工业出版社
CHINA MACHINE PRESS

图书在版编目（CIP）数据

写作脑科学：如何写出打动人心的故事/（美）莉萨·克龙（Lisa Cron）著；钟达锋译．--北京：机械工业出版社，2022.6（2023.7重印）

书名原文：Wired for Story: The Writer's Guide to Using Brain Science to Hook Readers from the Very First Sentence

ISBN 978-7-111-70653-3

I. ①写… II. ①莉… ②钟… III. ①写作-基本知识 IV. ①H05

中国版本图书馆CIP数据核字（2022）第082667号

北京市版权局著作权合同登记　图字：01-2022-0823号。

Lisa Cron.Wired for Story: The Writer's Guide to Using Brain Science to Hook Readers from the Very First Sentence.

Copyright © 2012 by Lisa Cron.

Simplified Chinese Translation Copyright © 2022 by China Machine Press.

Simplified Chinese translation rights arranged with DeFiore and Company Literary Management, Inc. through Andrew Nurnberg Associates International Ltd. This edition is authorized for sale in the Chinese mainland (excluding Hong Kong SAR, Macao SAR and Taiwan).

No part of this book may be reproduced or transmitted in any form or by any means, electronic or mechanical, including photocopying, recording or any information storage and retrieval system, without permission, in writing, from the publisher.

All rights reserved.

本书中文简体字版由DeFiore and Company Literary Management, Inc.通过Andrew Nurnberg Associates International Ltd.授权机械工业出版社在中国大陆地区（不包括香港、澳门特别行政区及台湾地区）独家出版发行。未经出版者书面许可，不得以任何方式抄袭、复制或节录本书中的任何部分。

写作脑科学：如何写出打动人心的故事

出版发行：机械工业出版社（北京市西城区百万庄大街22号　邮政编码：100037）

责任编辑：欧阳智

责任校对：殷　虹

印　　刷：北京捷迅佳彩印刷有限公司

版　　次：2023年7月第1版第2次印刷

开　　本：147mm×210mm　1/32

印　　张：9.5

书　　号：ISBN 978-7-111-70653-3

定　　价：69.00元

客服电话：（010）88361066　68326294

版权所有·侵权必究
封底无防伪标均为盗版

前 言

很久很久以前,那些特别聪明的人完全相信世界是平的。后来他们发现世界不是平的,但他们还是坚信太阳绕着地球转,再后来这个理论也被打破了。在更长的历史时期中,聪明的人们一直认为讲故事只是一种娱乐,他们觉得动人的故事只给人留下了短暂的快乐和满足感,在故事带来的巨大乐趣之外,故事本身并没有任何意义。没错,从远古时代起,如果没有故事,我们的生活会枯燥乏味得多,但是,即使没有故事,我们也能平安地活到现在。

他们又错了。

现在看来,故事对人类的进化发展至关重要,甚至比拇指对生更为重要。拇指与其他四指对生让我们可以抓握物件,而故事告诉我们如何把握未来。故事使我们展开想象,预见未来可能发生的事情,从而有所准备——这可能是任何其他物种(不管它有没有对生的拇指)都做不到的奇迹。[1] 故事是人之所以为人的根本特质。神经科学最近的研究发现，我们的大脑对故事有本能的反应，我们能从动人的故事中获得快乐，而这正是大自然引诱我们倾听故事的方式。[2]

也就是说，我们的大脑本能地倾向于从故事中认识这个世界。所以，读中学时，当你的历史老师从查理三世（日耳曼人路易之子，881～887年在位）开始，费力地背诵所有德国君主的继任者时，如果你目光呆滞、哈欠连天，那谁也不能怪你，只能说人性如此——你是人类大家庭中光荣的一员。

所以，难怪人们都偏好虚构的作品而不选非虚构的作品，更愿意读历史小说而不是历史书，更爱看电影而不是看纪录片。[3] 这不是因为我们懒，而是因为我们的神经回路天生就渴望虚构的故事。优质故事所触发的阵阵陶醉感并不会让我们变成内在的享乐主义者，相反，这种陶醉感会让我们变成好学的小学生，准备好汲取每个故事所传授的无数智慧。[4]

了解这一点，可以完全改变作家对故事创作的理解。研究者们解开了深植于读者大脑中的秘密蓝图，找到了读者大脑渴望在故事中读到的东西。更令人兴奋的发现是，一个动人的故事可以重塑读者的大脑，比如可以激发读者的同理心。[5] 这就是为什么一直以来作家都是世界上最具影响力的人之一。

作家只须让读者通过故事人物的眼睛一瞥生活，就可以改变读者的思维方式。作家可以把读者带到他们从未去过的地方，进入他们只能在梦境中看到的世界，揭示微妙的普遍真理，而这可能完全改变他们对现实的看法。通过大大小小各种手段，作家们帮助人们度过一个个漫长的夜晚——这也算是不小的功绩。

但是故事创作也有它的难处。要抓住读者的心，故事必须不断地迎合读者根深蒂固的期待。这就是为什么豪尔赫·路易斯·博尔赫斯（Jorge Luis Borges）说"艺术就是火焰加代数"。火焰般的热情对创作绝对至关重要，这是每个故事的第一要素。热情驱使我们创作，让我们充满振奋的感觉，觉得自己不得不写出一个有影响力的故事。

但是要写就一个能够立即吸引读者注意的故事，光有热情是不够的。作家们经常错误地认为，只要有火焰——燃烧的创作欲、灵感的火花、那种让你深夜惊醒的绝妙创意，就能创作一个成功的故事。他们兴致勃勃地一头扎入故事创作之中，没有意识到自己写下的每个字都极有可能失败，因为他们忘了这个创作等式中的另一半：代数。

博尔赫斯本能地意识到了认知心理学和神经科学通过研究揭示的现象：为了让热情的火焰能点燃读者的大脑，故事背后必须隐含一个框架。如果故事没有这个框架，没人愿意读，有这个框架的故事才能让读者眼前一亮。

创作者们往往难以接受这一理念：要写好故事，光有好创意、好文笔并不够，故事创作还有很多学问。为什么呢？因为我们读故事时的轻松惬意使我们忘记了写故事的复杂艰难，误导了我们对故事创作的理解。我们有个内在的信念，想当然地认为自己知道什么是个好故事——至少能即刻分辨什么不是个好故事。读到没意思的故事，我们满脸不屑地把书放回书架。碰到不好看的电影，我们翻个白眼，走出电影院。我们长叹一口气，心想艾伯特大叔（Uncle

Albert）能不能不要总是念叨"内战重演"。对于很烂的故事，我们连 3 秒钟也忍受不了。

对于讲得好的故事，我们也能很快就分辨出来，这是我们从 3 岁开始就具备的能力，打那时起我们就被某种形式的故事吸引。所以，如果我们天生具备分辨故事好坏的能力，那我们怎么可能写不好故事呢？

问题的答案还是要从人类的进化史中去寻找。故事最初是人类分享关键救命信息的一种方式。"嘿，老兄，不要摘那些红得发亮的浆果吃，除非你不要命了，就像隔壁的尼安德特人，那天……"接下来的故事情节简单，直截了当，和我们现在的八卦逸事差不多。千万年后，人类社会进化出了文字，故事开始被广泛传播，故事的内容也不再限于本地发生的新鲜事和对本族群的切身关注。这就意味着讲故事的人要靠故事本身的魅力把读者吸引过来，而读者对故事具有一种本能的期待。毫无疑问，故事大师总是有的，但是八卦一两件蕾切尔表妹的糗事，和创作一部宏大的"美国史诗"迥然不同。

话虽这么说，但是大多数有志于文学创作的人都爱读书，难道他们读的那些佳作没有教会他们怎么吸引读者？

真的没有。

人类的进化告诉我们：任何精彩的故事的首要任务就是先麻醉我们大脑的一部分，使我们无暇自问："这个故事创造的幻象如此真实可信，创作者是怎么做到的？"毕竟，好的故事读起来不像虚构的幻觉，它更像是生活本身。最近《心理科学》（*Psychological Science*）

有一篇研究大脑成像的报告发现，当我们沉浸于栩栩如生的故事中时，负责加工现实生活中的图像、声音、气味、运动的脑区会被激活。[6]这就是为什么好的故事总让我们爱不释手，即使第二天必须早起，我们也要读到深更半夜，因为我们在阅读过程中感受到了鲜活的心理图像，体验到了本能的直觉反应。当我们被一个故事迷住时，我们就会代入进去，与主人公同呼吸、共命运，仿佛故事中的一切都发生在自己身上。这时候我们最没有想到的是故事背后的机制。

难怪我们会完全忽视一个事实：在每一个引人入胜的故事背后，都有一张错综复杂的大网，其中各个元素互联互通，紧密连接，使故事自然而精确地发展。这让我们错误地以为自己知道是什么抓住了我们的心，比如美妙的比喻、真实的对话、有趣的人物角色等，而事实上，这些东西往往是次要的，无论它们本身看起来多么有趣。真正让我们着迷的是别的完全不一样的东西，是潜藏在表象之下的东西：其实就是我们的大脑所理解的故事应该有的样子。

只有停下来好好分析一下我们在阅读过程中对什么东西下意识地产生了反应（究竟是什么吸引了大脑的注意力），我们才能写出抓住读者注意力的故事。无论你要写的是文学小说，还是冷峻的悬疑推理故事，或是超自然的青春爱情故事，情况都是如此。虽然每个读者都有其个人偏好，对各种类型的小说有不同的选择，但是如果一个故事不能满足他们内心的期待，那就只能永远留在书架上，蒙尘沾灰。

如果你不想让自己的故事遇冷，可以好好看看本书。本书分为12章，每章聚焦一个方面，讲解大脑的运行方式和与其对应的关于故事创作的启示，以及如何将它们运用到你的实际创作中的具体细节。每章结尾都有一份核查清单("自查要点"),供你用于创作的任一阶段:动笔写作之前、每天写作任务完成之后、写完一章或一幕之后,或者在凌晨两点,当你一身冷汗从睡梦中惊醒的时候,你感觉自己写的东西是史上最糟糕的垃圾。(这不是真的,相信我。)只要你遵照我的建议,我保证你的创作事业会稳步发展,将来你极有可能让那些素不相识的人也想读你的作品。

我唯一的告诫就是,要诚实地对待自己的作品,就像对你在书店里随手拿起的小说或用遥控器随便打开的电影一样诚实。这个要求的用意在于找出每个问题的症结所在,然后尽力补救,不让它像野草一样疯长,毁掉你的整个故事。这个过程实际上很有意思,因为没有什么比看着自己创作的故事不断进步更令人兴奋的了,你的读者将一步步深陷其中,完全忘记了它只是个故事。

Contents
目录

前言

第一章 如何吸引读者 |001|

认知秘密：我们以故事的方式思考，这种思维方式让我们展望未来。

创作秘诀：要让读者读完第一个句子就想知道接下来会发生什么。

第二章 如何聚焦于主题 |021|

认知秘密：当人专注于一物时，大脑会过滤掉所有非必要信息。

创作秘诀：为了使大脑集中注意力，故事中的一切都要让读者觉得非读不可。

第三章 感其所感 |047|

认知秘密：情感决定了一切事物的意义——如果没有感觉，就没有意识。

创作秘诀：所有故事都以情感为基础——没有感觉，就无法阅读。

第四章 主人公究竟想要什么 |073|

认知秘密：我们所做的一切都以目标为导向，而我们最大的目标就是弄清楚他人的动机，以更好地实现我们自己的动机。

创作秘诀：如果故事主人公没有明确的目标，就没有需要解决的问题，也不知道走向何方。

第五章　挖掘主人公的内在问题 |095|

认知秘密：我们看到的不是真实的世界，而是我们愿意相信的世界。

创作秘诀：必须精准把握主人公世界观发生错位的时机和原因。

第六章　故事须言之有物 |119|

认知秘密：我们的思维不是抽象的，而是具体的。

创作秘诀：在主人公实实在在的奋斗历程中，任何概念化的、抽象的、笼统的东西，都必须变成具体的事物。

第七章　酝酿冲突，推动变化 |143|

认知秘密：大脑构造决定我们天生抗拒改变，即使是变好。

创作秘诀：故事讲的是变化，而变化只能取自不可避免的冲突。

第八章　原因与结果 |167|

认知秘密：从出生开始，我们大脑的首要目标就是构建因果关系："如果这样，就会那样。"

创作秘诀：故事从头至尾都应该遵循一个因果关系链条。

第九章　会出问题的地方一定会出问题 |193|

认知秘密：大脑借助故事模拟我们在将来会如何应对困境。

创作秘诀：故事要做的是把主人公置于一系列严峻的考验之中，主人公做梦也想不到自己能通过这些考验。

第十章　从铺垫到结局 |215|

认知秘密：大脑憎恶混乱与随机，所以总是把原始数据转化为有意义的模式，以更好地预测接下来可能出现的状况。

创作秘诀：读者总在寻找模式，对你的读者来说，故事中的一切要么是铺垫，要么是结局，要么就是这二者之间的过渡。

第十一章　次要情节与倒叙　　　　　　　　　　|235|

认知秘密：为了理解眼前发生的事情，大脑会借助相关的记忆对它进行评估。

创作秘诀：伏笔、倒叙、次要情节必须即刻给读者启示，使读者对故事主线上发生的事有更深入的理解，即使它们的意义可能随故事的展开而发生改变。

第十二章　轮流坐庄才公平：创作者大脑研究　　|257|

认知秘密：在大脑能够进行无意识加工之前，我们需要通过长期有意识的努力来磨炼一项技能。

创作秘诀：没有一气呵成的创作，只有一改再改。

致谢　　　　　　　　　　　　　　　　　　　　|279|

尾注　　　　　　　　　　　　　　　　　　　　|282|

第一章
如何吸引读者

认知秘密：
我们以故事的方式思考，这种思维方式让我们展望未来。

创作秘诀：
要让读者读完第一个句子就想知道接下来会发生什么。

"我发现大多数人都知道故事是什么样的，一旦他们坐下来要认真写一个故事的时候就变得不知道了。"

——弗兰纳里·奥康纳（Flannery O'Connor）

阅读本句的一刹那，你的感官正以超过 1 100 万比特的信息冲击着你，而你的意识只能接受其中约 40 比特的信息。那当你实际关注某事物的时候呢？状态好的话，大脑一次能加工 7 比特信息，状态不好的话，只能加工 5 比特。[1] 那如果是在你不顺心的时候呢？恐怕还要减掉 3 比特。

　　现在，不仅你自己要在这个复杂的现实世界中活动，而且你还准备写另一个人的故事，让他在你虚构的世界中活动。那么，其他的那 10 999 960 比特的信息实际有多重要？

　　事实证明，它们很重要。虽然我们不会有意识地接受这些信息，但是我们的大脑正高速运转，对这些信息进行鉴别、分析，判定它们是无关紧要的（比如，天是蓝的这一事实），还是需要我们警觉关注的事项（比如，过马路时正想着隔壁刚搬来的帅哥，突然听到汽车喇叭声）。

　　是让你继续沉浸于遐想之中，还是要你立即全神贯注，快速反应，大脑做出判定的标准是什么？标准很简单。和其他任何生命体（包括结构最简单的单细胞生物）一样，你的大脑有一个主要目标：

生存。你的大脑的潜意识（神经科学家称之为适应潜意识或认知潜意识）是一个调制精准的工具，能够快速辨别什么重要，什么不重要，为什么重要，同时还能告诉你如何应对。² 大脑知道你没有时间思考，"诶，什么声音这么响？哦，原来是汽车喇叭的声音，肯定是那辆冲我直开过来的大型 SUV 摁的喇叭。开车的人很有可能正在加速行驶，没有看到我，等看到我可能就来不及刹车了，也许我得往旁边……"

咣当！

所以为了不让我们成为交通事故受害者，我们的大脑形成了一套过滤、解读所有感官信息的反应机制，这一机制的反应速度比我们慢条斯理的意识心智要快得多。对于人类之外的其他动物而言，这种先天的反射就是进化的最终状态，神经科学家很贴切地称之为"僵尸系统"（zombie systems）。而我们人类就不一样了，³ 我们的大脑发展出了一种能够有意识地加工信息的方式，如果时间允许，我们就能自行决定接下来要做什么。

故事。

安东尼奥·达马西奥（Antonio Damasio）这样总结这一现象："现在面临一个问题：如何使这一智慧可理解、可传播、易接受、可施行，也就是使之长久留存。解决办法也找到了，那就是讲故事——讲故事是大脑自然而然的工作……因而故事遍布于人类社会文化的每个角落，也就不足为奇了。"⁴

我们以故事的方式思考，故事深植于我们的大脑之中，它是我们理解和把握这个充满海量信息的世界的方式。简言之，大脑不断地从所有信息输入中寻求意义，从必须了解的信息中筛选出对我们的生存至关重要的信息，最终形成一个故事——基于以往的体验、我们的感受、这些信息对我们的影响。我们的大脑不会按"先到先得"的模式记录下每一条信息，而是把我们自己设计成故事的"主人公"，然后以影片剪辑师的精准手法编辑我们的过往经验，建立逻辑关系，澄清记忆、想法、事件的联系，供将来参考。[5]

故事是经历的语言，可能是我们自己的经历，也可能是别人的经历，更有可能是虚构人物的经历。其他人的故事与我们自己讲的故事一样重要，因为如果我们只讲自己一个人的经历，那就不能称其为故事了。

现在一个很重要的问题来了：所有这些道理对我们创作者来说有什么意义？其意义在于，我们现在可以解码大脑（也就是读者的大脑）在每个故事中真正想寻找的是什么。我们可以先从本书所有认知秘密的两个基础关键概念入手：

1. 神经科学家认为，本已超载的大脑之所以愿意贡献这么多的时间、空间让我们沉迷故事，是因为如果世界没有故事，我们就完蛋了。故事让我们有机会模拟强烈的情感体验，而又不需要在现实中真正经历。这在石器时代可是性命攸关的事，比如，丛林中簌簌的响动声意味着狮子在觅食，如果你要等到现实的遭遇来给你上这一课，那你就成了狮子的午餐。现在这个功能就更重要了，因为人类主宰自然世界之后，我们的大脑再次进化，以应对一种更为复杂微妙的事物：人类社会。故事进化为探索我们自己内心世界和他人内心世界的一种方式，就像为未来生活做准备的彩排。[6]结果，故事同时在生死存亡和追求美好生活两个层面帮助我们维持生存。著名认知科学家哈佛大学教授斯蒂芬·平克（Steven Pinker）这样解释我们对故事的需求：

"虚构的叙事为我们提供了一个心理目录表，上面收录了我们将来可能面对的一系列致命难题和我们可以采取的应对策略及其后果。如果我怀疑是我叔父杀了我父亲，夺了他的王位，娶了我母亲，那我有什么可选择的应对策略？如果我那倒霉的哥哥得不到家人的尊重，会不会出现什么情况使他背叛甚至出卖我？如果老婆孩子周末不在家，有个女客户引诱我，而我没有经受住诱惑，可能发生的最糟糕的结果会是什么样的？有人强占我的土地，怎样避免当天跟强盗发生自杀性的冲突而又不表现得像个孬种，等第二天再把地割让给他们？这些问题的答案可以在书店或音像店里找到。'生活模仿艺术'，虽是老生常谈，却也千真万确，因为某些艺术的功能就是成为被模仿的对象。"[7]

2. 我们不仅渴求故事，而且对每个故事都有十分具体的根深蒂固的期待，但有趣的是，普通读者不会告诉你她有任何期待。如果追问的话，她最多会说是故事的魔力，是某种无法量化、不可名状的东西。谁能怪她呢？这个问题的答案是违反直觉的：我们有什么样的期待，很大程度上取决于故事能否提供相关信息，让我们愉快地度过漫漫长夜。为了达到这一目的，我们在自己极为复杂微妙的潜意识中加工这些信息，潜意识中隐藏着故事必须做到的事：带着清晰的目标，看似不经意地把某人置于越来越艰难的处境中，让他自己摸索脱困的道路。如果故事达到了大脑的标准，我们就会放松下来，代入主人公的角色，热切地体验着主人公的奋斗经历，而又不需要离开舒适的家。

所有这些对创作者来说都令人难以置信地有用，因为它十分干净利落地界定了什么是故事，什么不能算故事。这正是本章我们要审视的内容：故事之所以为故事的四大构成要素；作为读者，我们翻开第一页试读第一段时头脑里固有的期待；为什么优美抒情的文字本身就像一大盘水果一样诱人？

◎ 怎样才算一个故事

和很多人想的不一样，故事不只是发生的一件事情。如果故事就是发生的事情，那我们就可以掐断有线电视，搬一张躺椅到前院的草坪上，整天看着大千世界在眼前运动变化就心满意足了。看10分钟就比较完美，然后我们就去爬墙，如果草坪上有墙的话。

故事也不能被简单地看成发生在某个人身上的某些事。如果真有那么简单的话，那么读到某个陌生人诚实记录每天上街买菜所见所闻所感的流水账，我们就应该激动不已，而实际上我们毫无兴趣。

故事甚至也不是发生在某人身上的惊心动魄的事。你会熬夜读一本长达200页，讲"嗜血"角斗士甲在破旧的角斗场上追逐"割喉"角斗士乙的书吗？我想没读几页你就睡着了。

那什么是故事呢？故事讲的应该是：某件发生的事情如何影响了某个人，这个人正在努力完成一个实际难以实现的目标，而最后他又如何改变了他的人生。用文艺创作界熟悉的话语来说就是：

- "发生的事情"就是故事情节。
- "某个人"就是故事**主人公**。
- "目标"就是我们所说的**故事问题**。
- "如何改变了他的人生"就是**故事本身的实际内容**。

这听起来有点有悖常识,故事讲的竟然不是故事情节,不是故事里发生的事情。故事讲的是我们自己如何变化,而不是我们周围的世界如何变化。故事让我们体验应对处理"故事情节"的感受时,才真正吸引我们。所以,我们最终会发现,故事是内心的旅程,而不是对外部世界的探索。

故事的所有元素都以这一简单的前提为基础,协调一致地发挥各自的作用,共同创造了读者心中的"现实"。只是故事中的"现实"比日常生活中的现实更尖锐、更清晰,而且有趣多了。因为故事做了我们的潜意识会做的工作:过滤了任何会分散我们注意力的东西,让我们专注于当前的状况。事实上,在这方面,故事比潜意识做得更好,因为现实生活中要把所有恼人的小事(比如,漏水的水龙头、焦虑的老板、唠叨的另一半)抛在脑后几乎是不可能的,而故事可以把它们完全排除在外,让读者专注于手头的任务:为了解决你给女主人公设置的障碍,她必须直面哪些问题?而这个问题就是读者从一开始就在寻找的问题,因为它将决定后面发生的一切。

◎ 你究竟把我丢进了何种急剧变化的形势之中

这么说吧,我们都很忙。另外,我们大多数人脑海里总有一个微弱但很烦人的声音，不断地提醒我们，现在有要做的事，不该浪费时间，特别是在我们繁忙之中抽出时间做一些似乎没有成效的事（比如读本小说）的时候。这就意味着，为了让我们从紧迫的切身事务中抽身出来，故事必须能够快速地吸引我们的注意力。[8] 而正如神经科学作家乔纳·莱勒（Jonah Lehrer）所言，出其不意最能吸引注意力。[9] 这就意味着，拿起一本书，我们下意识里希望获得的感觉是：好像有什么非同寻常的事情要发生。我们渴求这种结果：我们不早不晚刚好来到了决定某人一生的关键路口。让我们上瘾的是某种暗示：主人公的麻烦才刚刚开始，这些麻烦会一直伴随着他，然后形势会越来越严重，最后达到危急时刻。这就意味着，从第一个句子开始，我们就要看到面包屑的踪迹，让它诱导我们深入丛林。有人说，小说（包括其他类型的故事）可以用一句话概括：这一切不是表面看起来的那样。这句话的意思是，我们在开篇第一句中期望获得的，是一种"事情即将发生变化，但不一定变好"的感觉。

简言之，作为读者，我们寻求的是一个继续关注的理由。所以故事要抓住读者的心，不仅要有事情发生，而且还要有我们可以期待的结果。神经科学研究表明，故事能吸引我们注意力并让我们一直读下去，是因为大脑多巴胺神经元释放出信号，告诉我们十分有趣的信息就在后面。[10] 这就意味着，开篇可以是正在展开的实际事件，也可以是主人公面对的内心挣扎，还可以只是暗示有什么东西"不对劲儿"，反正必须有一个已经滚动起来了的"球"。不是这个"球"的引言，也不是真正理解这个"球"所必需的所有背景信息，而是这个"球"本身。并不是说，这第一个"球"就必须是故事的

"主球",可以是"初始球"或"启动球"。但是它在第一页必须感觉像是唯一的一个"球",必须能吸引我们全部的注意力。

举个例子,看看这个正在被玩的"球"——卡洛琳·里维特(Caroline Leavitt)的《迷途青春》(*Girls in Trouble*)的第一段:

> 疼痛每隔十分钟就会袭击莎拉一次。每一次痛楚来袭,她都猛然紧靠车侧,希望自己可以就此消失。莎拉的爸爸杰克紧踩油门,窗外景色急速飞掠,她从没看过爸爸这样开车。莎拉紧紧抓着扶手,指节都泛白了,她用力把背靠向座椅,并用脚撑着车底,好像自己随时可能从车里飞出去一样。
>
> "停下来",她好想这么说,"慢一点,停下来!"但她吐不出任何字句,嘴唇甚至无法正常工作。她什么也不能做,只能恐惧地等待下次剧痛来袭。虽然街上人和车都不多,杰克仍倾着身体压在方向盘上,不断地按喇叭。他映照在后视镜中的脸庞并没有看着莎拉,相反,他的目光一直停留在后座陪伴着莎拉的妈妈艾比身上。很难从杰克的表情分辨出他此刻的心情。[11]

问题在酝酿之中?没错。而且是一时间解决不了的问题?至少要9个月,可能还会更久。你一定也感受到了这份吸引力吧?它把你定在这即将爆发的档口上,同时把你往前拉。你不仅想知道接下来会发生什么,还想知道现在出现的状况是怎么回事。这位父亲是谁?大家心照不宣吗?莎拉被强暴了吗?因而这些谜团勾起了你的好奇心,你会不假思索地读下去。

◎ 这是什么意思

作为读者，我们热切地寻求每一条信息的意义所在，内心总在不自觉地追问，这是要告诉我们什么？据说人不吃东西能活40天，不喝水能活3天，而不问事情的意义，则活不过35秒——事实上，与我们大脑潜意识穿透数据的光速相比，35秒已经是千秋万古了。换言之，这是生存之必需：我们一直在寻求意义。不是形而上学的追问："现实的真正本质是什么？"而是更为原始，更为具体的自问："乔早上没喝咖啡就走了，他怎么了？贝蒂以前一直很准时，现在怎么迟到了半个小时？隔壁家的狗每天早上都会狂吠不止，今天怎么这么安静？"

面对眼前发生的事情，我们总是会不自觉地问寻其背后的原因。这不仅是生存所需，而且也让我们畅快无比。它让我们感受到了某种冲动——好奇心，而满足好奇心是本能的生理需求。它将带来一些更为强有力的东西：对我们渴求的知识的期待，多巴胺释放带来的快感。既然好奇心是生存之必需（"丛林簌簌响，那是什么声音？"），那么自然进化就会鼓励它发展。让好奇心带来快感可能是鼓励它发展的最佳方式。这就是为什么作为读者好奇心一旦被激发，你就会热情高涨，兴致勃勃地去探寻后面会发生的故事。嗯，没错！因为这样一来你就有了一种美妙的紧迫感（又是多巴胺在作怪），好故事都能迅速地点燃这种紧迫感。

◎ 想要找人帮你翻译一下吗

如果你无法预测接下来可能发生什么，甚至不知道当前正在发生什么事情，那会出现什么情况呢？通常你会想找点别的什么看看，立即就看。我经常读到一些创作者的手稿，开始感觉立意不错，但最终满怀失望，无奈放弃，这时我总是希望要是手稿能附带一个翻译解说就好了。这样我就可以体会到创作者那燃烧的创作初衷。我知道她想讲一件意义非凡的事情，可问题是，我不知道她究竟讲了什么。

想想如果现实生活中有人像下面一样讲一个冗长无味的故事，那该多烦人呀！

> 我跟你讲过弗雷德没有？他本来昨天晚上过来的，但昨晚下雨，我像个傻瓜一样忘了关窗户，结果那张新沙发全淋湿了，那可是我花大价钱买的。真担心它会像我奶奶阁楼里的那些旧衣服一样发霉。我奶奶并不爱干净，不过也不能怪她，毕竟已经一百多岁了。我希望我有她的基因，她一辈子没生过一天病，不过最近我有些怀疑了，因为每次下雨我就关节疼。唉，老兄，昨晚等弗雷德的时候关节就一直疼……

听到这儿，你可能已经在不耐烦地晃脚了，心想："这家伙在扯些什么呢？跟我有什么关系！"当然，也许你早就掉头走了。故事第一页也是这样的，如果我们感觉不到正在发生什么事情，不知道正在发生的事情对主人公有何影响，那我们就不会继续读下去。想想看，当你走进一家书店，从书架上拿起一本书，浏览了前面几页，你心里有没有这样想过？"唉，这样的书确实有点无聊，里面讲的这些人物我都不感兴趣，不过作者写这本书肯定费了一番工夫，他可能有很重要的信息要讲，所以我要把它买下来，读完，再把它推荐给所有的朋友。"

没有吧？你会光明正大地冷酷无情，丝毫不会在意作者的辛勤笔耕或良苦用心。这样做也是理所当然的，作为读者，你不欠作者任何东西。你读他们的书，纯粹是自娱自乐，完全由你自己做主。不喜欢的话，直接把它塞回书架另外再拿一本就是了。

那你在第一页里寻找什么呢？你会有意识地一句一句分析它吗？当你决定继续读这本书或寻找另一本书时，你清楚是什么触发了这个精确校准的引爆点吗？当然不清楚，也就是说，你并没有意识到这些，就像要眨眼的时候你根本不会考虑要牵动哪些肌肉，选择一本书是你的潜意识精心安排的完美反射。这也是肌肉记忆——只不过，这里讲的"肌肉"是大脑。

好，假设现在故事的第一句已经吸引了你，那接下来呢？

◎ 这个故事讲的是什么

现在没有说出来但一直萦绕在你脑海的问题是：这本书究竟讲的是什么？

这似乎是个大问题。的确如此，所以我们将在下一章深入探讨这个问题。那么看完第一页之后你能回答这个问题吗？很难，就像见陌生人，第一次约会后你就能了解他的所有情况吗？当然不能。那第一次约会后你会感觉自己已经很了解他了吗？当然有可能。故事也是一样，以下是读者读第一页时不断搜寻的三个基本信息：

- 这是谁的故事？
- 这里正在发生什么事情？

- 是什么岌岌可危？

我们就来研究一下这三个要素，看看它们如何协力解答这一问题。

◎ 这是谁的故事

大家都知道故事需要一个主角，也就是我们讲的"主人公"，即使是合演剧目往往也有一个中心人物。这点好像没必要讨论了吧？但是有一个问题创作者们往往不知道：故事中，读者的感受是由主人公的感受驱动的。故事是发自内心的。我们会不自觉地进入主人公体内，体验她的知觉，感受着她的感受。不然的话，我们没有其他的切入点，没有可靠的视角，来观察、评价、体验这个作者创造的世界。

换言之，如果没有主人公，一切都是中立的，而在故事中，就和在生活中一样，没有真正中立的东西（这一点我们将在第三章中讨论）。这就意味着我们要尽快见到主人公，希望就在第一段。

◎ 这里正在发生什么事情

毫无疑问，从第一页开始就一定要有什么事情正在发生，这个事情会影响到主人公，而且应该是能让我们管中窥豹瞥见故事"全局图"的事情。约翰·欧文（John Irving）曾说："有可能的话，第一句就要交代整个故事。"开玩笑吧？好像有一点，但可以作为努力的方向。

故事"全局图"给了我们提示，让我们看到主人公在整个故事中和什么问题、什么困难做斗争。比如，在古典浪漫喜剧中，这个问题就是：小伙子能否赢得姑娘芳心？所以我们就会用这个问题来评估故事中的每个事件。这件事情有助于他接近女孩，还是对他不利？而且通常我们还会问，他俩真是天作之合吗？

这就引出了读者在第一页中寻找的第三个要素，这个要素与前两者共同激发了极为重要的阅读迫切感。

◎ 是什么岌岌可危

什么事悬而未决？冲突斗争在哪里？冲突是故事的生命线——又一个看似不费脑子的事。不过，有一些有用的细节经常被忽视了。我们讨论的不是一般的冲突，而是事关主人公人生追求的冲突。从第一句开始，读者就变身为警犬，以其灵敏的嗅觉孜孜不倦地搜寻可能出现的危机以及危机对主人公的影响。没错，他们还不太确定主人公追求的目标是什么，但那正是他们想通过这三个问题弄明白的。关键在于：从第一页开始，必须有某件事出现危机。

◎ 明显的问题

能让以上三个要素全部出现在第一页吗？当然可以。2007年文学理论家斯坦利·费什（Stanley Fish）在《纽约时报》上发表了一篇社论，这篇文章刚好回答了这个问题。文章说道，他在机场候机时，只剩数分钟时间登机，手头上没有什么可看，于是他冲进书店，只凭看到的第一句话来选书。结果，他选中的是伊丽莎白·乔治（Elizabeth George）的《他杀她之前》（*What Came Before He Shot Her*），小说第一句：

"乔尔·坎贝尔，时年十一岁，从一次坐公交车开始沦为杀人犯。"

想想看，是不是一个单句就回答了上面三个问题。

- 这是谁的故事？乔尔·坎贝尔的故事。
- 这里正在发生什么事情？他正在一辆公交车上，不知怎么回事却触发了严重事故，最后造成了谋杀。（刚好印证了这句话："一切不是表面看起来那样。"）
- 是什么岌岌可危？乔尔的生命，其他某个人的生命，天知道还有其他什么东西。

谁不想读下去找到答案？乔尔即将卷入一桩谋杀案这一事实不仅告诉了我们这本书主要讲什么，而且提供了一个语境，这个语境就是一把尺子，我们用它来衡量发生"在他杀她之前"的每一个行为活动的意义和情感偏向。

这一点很重要，因为第一句话之后，小说以六百多页的篇幅描述这位穷困倒霉又勇敢的乔尔穿越整个伦敦城的过程，之后才讲到有人被谋杀。但是我们一路追随主人公，紧跟不舍，把其间发生的一切拿来跟自己对故事进展的猜测进行对比，总是在想是不是这件事导致乔尔走上不归路，分析每一个变化转折如何把他推向不可避免的谋杀。

更有意思的是，没有那开篇第一句，《他杀她之前》将是个截然不同的故事。故事情节照样发生，但是我们不知道故事进展通向何方。所以，不管它写得多好（原作确实写得好），它也没有现在这样让读者着迷。为什么呢？

因为，正如神经精神病学家理查德·雷斯塔克（Richard Restak）所言："大脑总是在某个具体的语境之中对事物进行评估。"[12] 正是语境赋予了事物意义，而意义就是你的大脑天生就在辨别搜寻的目标。如果说故事是一种对现实的模拟，那我们大脑就在其中探寻有用的信息，以便将来出现类似情况的时候可以用上。

◎ 枯燥无趣的部分

埃尔莫尔·伦纳德（Elmore Leonard）说过一句很有名的话，他说故事就是真实的生活，只是除去了其中枯燥无趣的部分。可以把他说的"无趣的部分"看成任何与故事主人公的目标没有关系，对其没有影响的事物。故事中的每个细节，包括次要情节、天气环境、背景布局，甚至说话的语气，都必须对读者迫切想了解的信息有明确的影响：主人公能否实现她的目标？在这个过程中她要付出哪些代价？最终会把她变成什么样的人？吊住我们的胃口，使我们一直读下去的，是由多巴胺驱动的强烈欲望，它使我们迫切地想知道接下来会发生什么事情。没有这一点，其他都失去了存在的意义。

你也许会问，那优美的语言呢？还有诗意的形象呢？

本书中我们会破解很多创作迷思，探讨那些备受推崇的创作"箴言"是怎样将你带入误区的。那朋友们，我们就先从打破这个神话开始吧。

神话：优美的语言胜过一切
现实：叙事胜过语言，绝无例外

对创作者毒害最深的观点莫过于这个流行的看法：一个成功的故事在于它"写得好"。谁还能反驳这个观点，这么显而易见的道理。不在于"写得好"，难道还在于"写得差"？然而，很吊诡的是，写得差反而没有你想的那么糟糕。当然，前提是，你要会讲故事。

与其他创作迷思一样，上述观点的问题在于没有抓住关键点。"写得好"被理解为擅长使用优美的语言、鲜活的形象、自然真实的对话、精辟的比喻、有趣的人设以及情节发展中各种生动的感官细节。

听起来很不错，而且不是这样写的小说谁会看？

那你看看《达·芬奇密码》（*The Da Vinci Code*），虽然这本书拥有数百万读者粉丝，但是却没有人说作者丹·布朗（Dan Broun）是一位伟大的作家。同行作家菲利普·普尔曼（Philip Pullman）给出了最简洁最尖刻的评价：布朗的创作语言"平白、简陋、难听"，他的书里尽是些"极为单调和扁平化的人物……人物间的对话极为别扭、不真实"。[13]

那为什么《达·芬奇密码》还是史上最畅销的小说之一？因为从开篇第一页起，读者就迫切地想知道接下来会发生什么。这才是最关键的，故事必须从第一句开始就给读者带来一种阅读的紧迫感。其他的一切（精彩的人物、美妙的对话、鲜活的形象、优美的语言）都只是故事的调料。

这绝不是要贬低优美的语言文字。我跟其他任何人一样，也爱读精雕细琢的优美词句。但是有一点要搞清楚："写得好"不等于会写好故事，两者之间，写得好只是其次。因为如果读者不想知道接下来要发生什么，文字再漂亮也没用。在故事创作这一行，这种雕琢精美却无故事的小说经常被称为写得漂亮的"花瓶"——没人看。

现在我们已经知道了能在故事第一页吸引读者注意力的东西是什么，接下来的问题是，如何在打造故事的时候真正做到这一点？事情总是说起来容易做起来难，创作也一样，所以这个问题就是我们用后面所有章节来回答的问题。

第一章 自查要点

- **我们知道这是谁的故事吗？** 必须有这么一个人，读者可以通过他的眼睛来看故事营造的世界，这个人就是主人公。把主人公看作读者在你创造的世界里的替身。

- **有没有什么事情正在发生，从第一页起就出现了吗？** 开篇不要只是给后面发生的冲突作铺垫，要直接进入影响主人公的冲突事件，让读者急于探寻事情的结果。直白地讲，如果当前没有发生什么意义重大的事情，我们读者怎么会想去了解后面会发生什么事情？

- **正在发生的事情中有没有冲突？** 冲突对主人公追求

的目标有没有直接的影响？即使你的读者还不知道主人公有什么追求，也要确保这一点。

- **开篇第一页出现了什么岌岌可危的状况吗？**同样重要的是，你的读者能感觉到这一岌岌可危的状况吗？
- **读起来有没有一种"好像不是表面看到的那样"的感觉？**如果主人公在前几页还没有出场，这一点尤为重要。在这种情况下，你有必要自问：有没有给读者一种越来越强烈的预感（主人公即将登场），以吸引读者读下去？
- **读者能否管中窥豹，瞥见故事"全局图"？能否以此为评估后面所有情节的衡量标准？**故事的"全局图"给了读者一个评价的视角，传递了每个场景的意义所在，让读者能把故事情节串联起来。如果我们不知道故事的走向，那我们怎么知道故事情节有没有进展？

第二章
如何聚焦于主题

认知秘密：
当人专注于一物时，大脑会过滤掉所有非必要信息。

创作秘诀：
为了使大脑集中注意力，故事中的一切都要让读者觉得非读不可。

"务必紧扣主旨。"

——威廉·萨默塞特·毛姆
（W. Somerset Maugham）

营销员、政客、福音布道师可能比大多数作家更会讲故事，因为这些人的职业决定了他们讲故事的时候总是从故事的主旨讲起，而这却是许多创作者想都没有想到的。带着明确的主旨，他们可以编造一个动人的故事，故事里的每个词，每个意象，每个细节都服务于这个主旨。看看家里的东西，是不是把在商场里看到的差不多都买回来了？因为要是你表现得不感兴趣，立马就有销售员给你讲个动人的故事，让你无法拒绝。这并不是说你容易上当受骗，而是因为精心设计的故事直击你的潜意识[1]，销售人员能把它转化为一些有意识的东西，比如："是有点晚了，不过买个'巨无霸'汉堡犒劳一下自己也是应该的""看，她多开心啊，我想我也要找医生开点那个药""和那个人喝杯啤酒肯定蛮有意思，我想我要投他的票"。

有点吓人吧？

所以，想获取这样的"说服力"，作家们要接受这个反直觉的现实：故事最重要的元素跟写作本身没有多大关系。相反，它是构成故事的基础，也就是著名语言学家威廉·拉波夫（William Labov）所说的"估值"，因为这一要素能够让读者评估故事情节的意义。可以把它看作能回答读者"那又怎么了"发问的要素。² 这一要素把读者引入故事的主旨,给他们线索提示,让他们逐步看到故事里发生的一切。也就是说,这一要素告诉读者故事究竟讲的是什么。文学研究者布赖恩·博伊德(Brian Boyd)讲得好:"没有主旨指向的故事让读者无法确定哪些信息重要——是人们眼睛的颜色,还是他们袜子的颜色?还是鼻子的形状,或者鞋子的样式?还是他们名字的音节数?"³

所以你首先要做的就是聚焦于你要讲的故事的主旨。这样做的好处是可以让你少重写、少修改,能省下不少时间。为什么呢?因为这样做等于一开始就把分散注意力的非必要信息排除在外了,而排除非必要信息就是你的潜意识自动为你做的工作。⁴

鉴于此,本章我们将探讨如何有效地把主角的问题、情节、主题编织在一起,保证故事紧扣主旨;分析主题的真正含义,以及主题如何决定故事情节的发展;总结情节是如何妨碍故事发展的;然后我们可以将这些原理付诸写作实践测试,后面将主要分析《飘》(*Gone with the Wind*)这部文学经典。

◎ 故事与流水账

从头到尾,故事都是为了回答一个中心问题而设计的。我们作为读者本能地清楚这一点,所以我们希望每个字、每一行、每个角色、每个画面、每个动作都指向这个问题的答案。罗密欧与朱丽叶会私奔吗?斯嘉丽最终会意识到瑞特才是她想要的男人吗?到时会不会已经晚了?我们能全面了解公民凯恩,搞清楚玫瑰花蕾究竟是什么意思吗?

这样看来,当你构思一个故事的时候,确定故事讲什么似乎应该是比较简单的。然而实际上大多数创作者往往很难做到紧扣主旨。虽然他们的初衷很好,但叙事路线还是绕来绕去,漫无目的地迂回往复,浪费了太多的时间。所以最后虽然讲了很多有趣的事件,但加在一起却不知道有什么意义。没提出什么问题,谈何解答问题?如果故事里全是读者不想了解也不需要了解的东西,没有中心思想,那就不是一个真正的故事。这种类型的叙事只能算一笔流水账。缺乏焦点的故事往往空洞无物,不知所言。也许你会说,不可能吧?怎么会呢?但我可以向你保证,我接到了无数这样的稿件:如果有人问稿子写了什么,我只能回答"写了三百多页"。就像最近有位编辑所说:"如果你不能用几句话概括你写的书,那就拿回去重写,改到可以用几句话概括再拿过来。"

我非常赞成他的说法。作为编辑我读了无数的投稿函、故事提纲、小说手稿、电影剧本,多年的经验告诉我,如果创作者不能用一两句话条理清楚、中心明确地概括自己讲的故事,引起编辑的兴趣,那他讲述的故事也不太可能主旨明确,引人入胜。这点经验心得来之不易。曾经读到一个故事概要,题材不错,看起来很有出版前景,但就是条理不清,不太连贯。当时我想,写不好概要,不一定就写不好故事吧?所以我开始读手稿,结果没读几页就放弃了,最后还是发现,概要的水平真的可以反映故事本身的水平,概要杂乱脱节,故事本身也就好不到哪里去。

下面是一些故事将离题脱轨的标志性特征:

- 无法判断主人公是谁,因此也就不知道所叙述的故事情节之间有何关联，有何意义。
- 可以判断主人公是谁，但主人公似乎没有行动目标，所以不知道主旨何在，也不知道故事会怎么发展。
- 知道主人公的行动目标，但不知道这个目标要促使主人公解决什么内在问题，因此故事叙述读来肤浅平庸，枯燥乏味。
- 知道主人公是谁，也知道他有什么目标，要解决什么问题，但突然间他得到了自己想要的东西，随意改变了自己的想法，或者主人公突然被车撞了，之后似乎其他人变成主角了。
- 能判断主人公有什么目标，但故事的发展似乎对他没有影响，对他是否能够实现目标也没有任何影响。
- 故事发展对主人公的影响方式让人难以置信，所以不仅故事人物显得不真实，而且读者根本不知道主人公为什么要这样做，也就无法猜测他后面会怎么做。

所有这些问题对读者的大脑都有同样的作用：不仅开始读故事的那股劲没了，高涨的多巴胺退了，而且我们大脑中对比事前期待与事后收获的区域也不高兴了。也就是说，我们感到失望。[5]这就说明创作者没能聚焦故事的本质，所以即使文笔优美也让人感觉茫然迷惑，索然寡味。接下来会是什么情况，不用神经科学家讲，我们也清楚：读者扔下书本，故事提前结束。

◎ 聚焦点的关键性作用

那些失败的书稿有一个共同点：它们都没有一个聚焦点。如果故事没有聚焦点，读者就无法评判任何情节进展的意义，而对任何事物我们都有追问其意义的本能——没错，就像在做数学题一样。故事没有聚焦点就没有评判尺度。

那么，这个叫"聚焦点"的东西究竟是什么？它是三个要素的综合，这三个要素协调作用，共同构成了故事。它们是：主人公的问题，故事主题，情节。这三个起关键性作用的要素实际出自我们上一章讲的概念：故事问题，也可以解读为主人公追求的目标。但是还记得我们前面讲的吗？故事讲的不是主人公能否实现人生目标本身，而是他为了实现目标**内心**必须克服什么困难，我们称之为"主人公的问题"。

第二个要素是故事主题，也就是你讲的故事所反映的人性。主题往往反映在故事人物对待他人的行为方式上，进而界定了在故事世界中什么事情可能发生，什么事情不可能发生。我们将看到，无论主人公多么英勇，她的努力最终会导向成功还是失败，往往都取决于故事的主题。

第三个要素就是情节本身，也就是发生的事件，这些事件发生在主人公追求自己目标的过程中，迫使她面对自身的问题，这些问题无论她怎么回避也摆脱不了。

这三者共同作用，赋予故事"聚焦点"，告诉读者故事讲的是什么，让读者自己理解接踵而来的事件，同时预测故事的走向。这一点很关键，因为"脑子一动起来就在预测接下来会发生什么"。[6]这是大脑"存在的理由"——让我们尽可能地面对现实。换句话说，我们喜欢弄明白眼前的事物，不喜欢糊里糊涂地接受。对创作者来说，焦点也是极为重要的：前两个要素（主人公的问题和主题思想）是镜片，我们透过它们确定故事将会发生什么事件（情节）。

那它们是怎么起作用的？通过设定故事的参数，聚焦主人公生活的某个特定方面。故事记录人物的生活，但是人物像我们一样，也是日复一日地活着，他们也吃饭，睡觉，跟保险公司吵架，惬意地看电视，断网了也会很气恼，也会琢磨预约看牙医的时间是在星期二还是星期四。这些都要拿出来在故事里讲吗？当然不行，你得像拣樱桃一样精选和故事问题相关的事件，构建一系列的挑战（情节），迫使主人公拿出行动来，置之死地而后生。

这一步走对了，我们就有了另一套数学证明，一个具体的参照系，用来衡量发生的每件事情。毕竟，这正是我们的大脑面对现实生活中棘手的局面时加工信息的方式。正如神经科学家安东尼奥·达马西奥（Antonio Damasio）所展示的那样，这就是文学模仿的东西：

> 再假设你坐在餐馆里喝着一杯同样的咖啡，你来这里见哥哥，他希望和你讨论一下父母的遗产分配问题，以及如何处理你们同父异母的妹妹，这个妹妹最近的行为非常古怪。就像好莱坞电影里演的那样，此刻的你仍然是活在当下的，但现在，你的知识和丰富的想象带着你身车劳顿地奔赴了许多其他地方，与你同行的有你哥哥和其他许多人，带着你经历一些未曾经历过的情形。……你在各地奔忙着，你在人生的各个阶段奔忙着，既在过去又在未来。但是你，也就是你身上的那个"我"，从未离开过视线。**所有这些内容都与一个单一的参照不可分离地联系在一起。即便你的注意力集中在一些遥远的事件上，这种联结**

仍然存在，其中心还在那里。这是一种大范围的意识，是人类大脑的伟大成就之一，也是人性的决定性特征之一。无论是福是祸，正是这种大脑功能令我们获得了文明。小说、电影、音乐中所指的，哲学思考所赞美的，也正是这种意识。[7]

换言之，中心（这里就是：如何处理遗产问题对咖啡馆里的这位朋友会产生什么影响）就是唯一的参照物，其他一切以之为对照。如果要从这个生活片段延伸写出一个故事，这位朋友应该有个需要他解决的内在的问题，以摆脱这个原本棘手的局面。他能做到吗？这就是主题所指。

◎ 主题究竟是什么

关于主题是什么以及如何揭示主题这两个问题有很多讨论，甚至有人讨论人造奶油能否作为失去童真的主题隐喻。不过庆幸的是，实际上主题可以简单地归结为：

- 关于做人的意义，故事向我们传达了什么？
- 关于人如何应对自己无法掌控的局面，故事是怎么说的？

也就是说，故事主题通常揭示了你对人性中的某个元素（忠诚、怀疑、坚韧、爱）如何界定人类行为的看法。但主题的真正秘密在于它不是笼统空泛的，也就是说，主题不会是"爱"本身这么大的话题，相反，它可能是爱的某个很具体的方面。比如，爱情故事可以是甜蜜而有诗意的，证明人性本善，好人居多；也可以是务实而紧张的，表明世人是冷漠而怪异的；还可以是关于掌控和欺压的，证明人是可怕的，最好避免接触。

预先知道故事主题会对你有所帮助，因为这意味着你有了一把可以衡量故事人物对自己所处情境的反应的尺子。他们或善良、或冷漠、或狡诈，就看你给他们创造的世界是什么样的。这又将进一步影响故事问题的解决方式，因为它决定了主人公在追求目标的过程中会遇到什么样的阻力。在充满爱的世界里，她会发现，只要有一点勇气和智慧，就能找到真爱。在一个缺乏人情味的世界中，她会发现，没有一人可以依靠；而在一个险恶的世界中，她最终会嫁给像汉尼拔·莱克特这样的变态杀人狂。

◎ 你究竟想说什么

主题通常揭示了你的故事想要传达的要点，所有故事开篇就会阐明自己的观点，但这并不是说，你就要以此给读者当头一棒。

就拿广告来说吧。广告的目的就是要传递一个十分具体的信息，并且不让我们知道它具体是怎么做到的。我们很清楚广告的目的就是引诱我们购买产品。正如企业顾问理查德·麦克斯韦尔（Richard Maxwell）和罗伯特·迪克曼（Robert Dickman）在《劝说的要素》(*The Elements of Persuasion*)一书中所言："对我们这些依靠说服别人来开展业务的人来说（其实也就是对所有商务人士而言），生存的关键是能否跨越重重障碍达成交易，值得庆幸的是，营销的秘诀是讲好故事，这点一直都没变。"[8]

明确故事具体要传达的要点就是助你跨越障碍的关键。

这不是说你要像广告经理一样精明，也不是说你的故事必须有一个直白的"寓意"。但是，创作者要停下来想想自己究竟想说什么，自己的这个故事要阐明何种观点。这一点也很重要，因为在读者打开书的那一刻，他的潜意识就在搜寻一种方式：能够让自己生活得自在一些，看事物更透彻一些，对人性更了解一些。[9]因此，为何不抽出一点时间，问问自己：**我希望读者读完之后带着何种思绪离开？我的故事传达了何种观点？我希望我的读者的世界观发生什么样的变化？**

◎ 别把你的故事埋葬在空洞的情节之中

毫不奇怪，在共同构成聚焦点的三个要素中，创作者们通常只钟爱其中一个：情节。因为情节的定义就决定了它是另外两个要素的载体，所以创作者们很容易忘记余下两个要素的存在。然而问题是，没有它们，情节最终就是一个空壳——事情接连发生，但不会真正影响到任何人，特别是读者。这就将我们引入了另一个常见的必须粉碎的神话。

神话：情节就是故事传达的内容
现实：故事讲的是情节如何影响主人公

之前提到过，现在还是直接点明吧：不能把情节等同于故事。情节推动了故事的发展，迫使主人公面对一个个障碍，解决一个个阻碍他实现目标的问题。世界如何对待主人公，主人公如何应对，则揭示了故事的主题。因此，说到底，主人公在情节发展的推动下被迫学到和悟到的东西才是故事要传达的要点。牢记这一点很重要，因为单看情节的话，故事讲的是一回事，而实际上故事真正要讲的却是另外一回事。

电影《破绽》(*Fracture*) 是一个很好的例子，就像其他许多电影一样，《破绽》可以作为研究故事首要主旨的一个绝佳案例。为什么呢？因为在讲故事这方面，影片通常比文字描述更简单、更直接（况且人们更有可能看了同一部电影，更不那么可能看了同一本书）。在电影《破绽》开始之后的整整17分钟里我们都没有见到主人公威利·比丘姆登场，我们一直以为主人公是特德·克劳福德，因为我们看到他在影片开场残酷地杀害了他的妻子。我们会认为故事要讲的是克劳福德会不会因被控谋杀而坐牢，事实上，这的确是影片按时间顺序记录的情节。

但是故事主要讲的并不是这个事情，而是关于威利·比丘姆的事情。他是一名自视甚高的检察官，在接手这个案子时，他正打算辞去政府机构的工作，去一家高级律师事务所做一份轻松的工作。面对当前的案子，他是选择出卖自己的诚信，还是放弃名利，继续留在检察官的位置上，痛快地打一仗？这才是故事的主题内容。影片情节（克劳福德以及对他的审判）存在的唯一理由就是为了检验比丘姆的道德品格。所以，尽管影片已经进行了近20分钟比丘姆才出现，但之前发生的所有事情都是为了把主人公推向这个人生考验。

也就是说，即使主人公没有在第一页里出现，有一点也必须交代清楚：在他最终登场的时候，之前发生的一切对他有什么影响。不是说要让读者在那之前就意识到这一点。读者怎么想得到呢？毕竟，看《破绽》时我们在比丘姆出场之前根本不知道克劳福德并不是影片的主人公。但是影片的创作者们是非常清楚的，所以他们会确保克劳福德所做的一切都能用于考验比丘姆的决心。

这里讲的"考验"不是普遍意义上的考验，而是非常具体集中的考验。克劳福德精心策划的每一个行为都是创作者们设计出来的，用来考验比丘姆对自己、对世界、对自己所处的位置的看法。随着故事情节的发展，克劳福德的这些行为让比丘姆原来自负、自私的人格出现了"破绽"，同时让他身上更积极、勇敢的一面显现出来。那么关于人性，《破绽》想表达什么呢？我们可以看到，正直的价值远超财富，即使这意味着要过一段漂泊不定的艰难生活。这个要点是如何传达的呢？在一系列扣人心弦的、急速发展的情节的包装下，我们深入比丘姆的内心，看到他如何与命运的安排搏斗。换句话说，我们可以鸟瞰主人公与情节之间的搏斗，这一点我们稍后会进行更详细的讨论。

◎ 主题：打开故事世界的钥匙

既然主题是关于人类经历的潜在的要点，那么它也是普遍共性之所在。这里说的共性是指能引起我们所有人共鸣的某种感觉、情绪、真理。比如，"真爱的原始力量"是几乎所有人都能感受到的，无论故事讲的是卡萨布兰卡酒吧的老板，还是海底的美人鱼，或是亚瑟王的骑士。共性就是一扇大门，引导我们进入与自己完全不同的人物角色的内心,奇迹般地与他们感同身受。

共性具有统摄一切的首要地位,然而吊诡的是,共性只有化身在十分具体的事物中时才能被读者理解,这一点我们将在第六章进一步讨论。共性作为抽象的概念太空泛了,无法引导你的思维。只有用有血有肉的现实故事把它传达出来,我们才能一对一地体验这一共通的人性,真正感受到它。

获得普利策奖的小说《奥丽芙·基特里奇》(*Olive Kitteridge*)提供了一个简单又能说明问题的例子。小说的主题是我们如何承受丧失之痛,作者伊丽莎白·斯特劳特(Elizabeth Strout)曾表示,她希望读者"对人类坚韧的品质产生敬意"。[10] 在下面这个片段中,一个日常普通的时刻触发了一段动人的回忆,因为它触及了人的共性,这个共性的东西我敢说每个人都经历过,但又找不到合适的语言来描述它。

> ……她很高兴自己从未离开亨利。没有哪个朋友像丈夫这么忠诚,这么善良。
>
> 然而,站在儿子身后等红绿灯时,她突然想起自己这么多年来也有感到孤独的时候。这孤独如此深刻,让她想起有一次,就是前几年补牙的时候,牙医用软软的手指轻轻转动她的下巴,这种感觉对她来说是一种极致的温柔,她在极力克制自己的情况下,发出了一声渴望的呻吟,泪水在眼眶里打转。[11]

对一个具体事件的回忆(牙医瞬间的、普通的触碰)让原本难以名状的孤独感显现出来,使之易于感知,仿佛它曾经发生在自己身上一样。我们会在第四章看到，就大脑而言，我们读到的这一具体事件的确发生在了我们身上。

以丧失和人的忍耐为滤镜，作者斯特劳特得以从奥丽芙纷繁复杂的人生经历中择取一个看似随机的生活片段，利用这个片段，让我们进入奥丽芙的内心世界，从她的角度看世界，同时也让我们切身体验到作为有感情的人所要付出的代价。

◎ 主题与基调：不在于你说了什么，而在于你是怎么说的

如果说主题是故事最强有力的要素之一，那么它也是最难察觉的要素之一。通过斯特劳特上面那段文字，你没有看到任何与主题相关的信息吧？主题没有写出来，没有指明，但主题一定有，一直存在于文字之中。它就像说话的语调，往往传达了话语之外的意义。事实上，有时候语调表达的意思和话语本身的意思正好相反，任何曾经有过长期关系的人都可以证明这一点。

而故事的基调反映了你如何看待你笔下的人物，同时能够帮助定义你为他们创造的世界。基调往往就是传达主题的方式，引导读者找到情感的棱镜，让读者透过这一情感棱镜，以创作者期待的方式看故事中的世界——类似于电影的背景音乐。这是突出故事焦点的另一种方式，让读者聚焦于他们真正需要知道的信息。

举个例子，浪漫爱情小说的基调能让读者感觉到，虽然必定会有大问题出现，但绝不会有任何真正恶性的事件发生。这样我们就可以放心地进入故事里的世界，因为我们心里清楚，在这一基调之

中，爱能挽救和弥补一切，故事一定能让它成为现实。而在《他杀她之前》这样的小说中，从第一句话开始，故事基调就给出了完全相反的暗示，虽然它并没有跑出来直接告诉我们。基调不会明示主题，而是通过激发某种情绪，让我们感觉到故事的主题。情绪属于读者，而故事基调由创作者把控。

也就是说，你定的主题决定了故事的基调，基调决定了读者的情绪。情绪是读者对故事的世界中什么可能发生、什么不可能发生的感知，这又将我们带回到故事要传达的要点上，也就是主题反映的内容。这里"反映"是关键词，因为尽管主题很关键，但它从来不会被直接表述出来，它总是通过暗示被间接传达给读者。那些把主题放在第一位，把故事放在第二位的电影和小说往往违反了写作的首要原则（首要原则经常被误解，我们在第七章会讨论），即"作品要展示出来，不是讲出来"（"展示而非告知"）。要让故事向我们展示主题，而不是让主题给我们讲故事。主题本身并不能讲好故事，通常主题更有兴趣告诉我们应该如何思考，而不是简单地展示证据，让我们自己做决定。如果不加约束，主题就是霸主，统管一切。每个人都不想被别人支配，这就是为什么利用逆反心理会如此有效。这个道理放在故事创作方面就意味着，你越是激情满怀地急于表达自己的观点，就越要静下心来讲好故事，相信你的故事可以传达主题。正如伊芙琳·沃夫（Evelyn Waugh）所言："所有文学都暗含道德准则和道德批判，越隐晦越好。"[12]

另外，当你走进一家书店时，是否曾这样想过："我想看的是一本关于幸存者的故事的书：灾难如何锻炼了一些人的胆魄，又是如何摧毁了另一些人的意志。"[13]或者"我超想读一本把社会问题追溯到人性缺陷的好书"。¹⁴ 或者"现在我特别想看的是一本暗喻拉丁美洲历史的书"。¹⁵ 我想你绝对不会这样想，但这并不意味着你就看不上《飘》《蝇王》(Lord of the Flies)、《百年孤独》(A Hundred Years of Solitude)，这几本书的作者就是像上面那样描述各自主题的。

且慢，这三本书不是还有别的主题吗？可能有。事实上，只要上网搜索一下，每本书的书名下面都会出现无数可能的主题，其中一些说法不把作者气死，也会让作者惊掉下巴。但是这些说法大部分是故事的次要主题，而我们讲的是首要主题，就是你作为创作者选择的主题，而不是后来学者们强加到作品之上的，让研究生们无休止地在各种小组讨论会上激烈辩论的"作品主题"。

◎《飘》：案例研究

为了更好地理解如何运用焦点定义你作品的主题，以形成一个衡量标准，排除非必要信息，我们来看看上面提到的三本书中最通俗的一本：《飘》。过去有人斥之为迂腐庸俗的赚钱文学，最多不过是"流行小说"，但是没人能否定它令人爱不释手的魅力。让人震惊的是：它获得了 1937 年的普利策小说奖。而且它也是自问世以来卖得最好的小说，它的出版销售记录到 1966 年才被《娃娃谷》(Valley of the Dolls) 打破，但《娃娃谷》没得过普利策奖。

我们先好好看一下《飘》的作者玛格丽特·米切尔 (Margaret Mitchell) 在 1936 年的一次采访中怎么描述该书的主题的。

如果说它有一个主题的话,那就是生存。是什么让一些人能够安全度过灾难,而另外一些同样有能力、同样强壮、同样勇敢的人却沉沦了?这种情况在每次社会动荡中都会出现。有些人活了下来,而另外一些人却没有熬过来。那些成功熬过来的人具有什么样的品质?那些失败的人缺乏什么品质?我只知道幸存者们过去把这种品质称为"胆魄"。所以我写下了这个故事,描述有胆魄的人和没有胆魄的人。[16]

换句话说,斯嘉丽一生奋斗、谋划、操控、挣扎,历经艰难险阻,最终活下来了,在这个过程中最关键的元素就是她的胆魄。嗯,有道理。这是小说首要的主题聚焦点吗?它是斯嘉丽应对一个接一个灾难的驱动力吗?它是我们审视故事情节的棱镜吗?它是难以名状却又牢牢吸引我们的秘密元素吗?没错,就是它。

我们想一直读下去是因为我们知道,斯嘉丽的顽强意志,还有她的胆识和魄力,也就是她的胆魄,超越了社会规则对她的束缚。然而,我们很快就发现,虽然她的胆魄很强大,但是这也可能完全蒙蔽她的双眼,让她看不到什么选择对她最有利,而这(我们不久就会看到)正是她自身内部问题之所在。我们读者知道她应该怎么做才能得到最大的幸福,但也很快就意识到这可能是她最不愿意做的事。因此问题就来了:**她会怎么做呢?她最后会清醒地意识到自己真正需要什么吗?**这些问题驱使我们一直读下去。

而那些贯穿整部小说的其他主题呢?比如,爱情的真谛、阶级制度的桎梏,当然还有十九世纪严格的性别社会角色,等等。难道没有一个能作为中心主题？问得好，我们不妨做这么一个测试：中心主题必须提供一个视角，既要精细，能让我们洞察主人公的内心及其内在问题，又要广角，能容纳所有发生的事件（情节）。那我们看看其他几个主题能否统括《飘》整部小说。先看"爱的真谛"这一主题。

> 以南北战争为背景，《飘》讲述了一位南方丽人的故事，她错误地爱上了不该爱的人，爱情蒙蔽了她的双眼，让她对那个真正能给她幸福的人视而不见。

这一描述本身没有问题——如果说该书只是一个爱情故事，其他一切都只是"背景"的话。问题是小说触及的范畴如此之广，这样的描述未免显得太狭隘了。

好，那就再看看"斯嘉丽挑战社会规范"这一主题。

> 《飘》讲述了一位南方丽人为了在内战中生存下来违抗社会浪潮的故事。

这个描述也不错——如果你只求笼统理解的话。究竟是什么社会浪潮？如何违抗？如果不具体描述，很难得到任何问题的真实画面。那"阶级结构"这一主题又怎么样？

> 《飘》讲述了内战期间南方传统社会阶级结构是怎样逐渐解体的。

这听起来不就是非虚构的纪实文学吗？纪实文学也好卖，而且内战历史爱好者也有上百万，这样的书也能成为畅销书——当然，这得是在历史爱好者们意识到这是一部关于一个女人违背社会规范的爱情故事之前。真要等到那个时候，或许最狂热的历史迷也会保持沉默——他真恨不得跳入故事中，把斯嘉丽一巴掌拍醒，告诉她，瑞德才是她的真命天子，赶紧行动，不然就晚了！

所以说，并非上面几个主题描述不能吸引读者，而是它们里面没有任何描述会让人联想到一部庞大的爱情史诗，而《飘》正是这样一部巨著。但如果把"胆魄"——被作者视作核心主题的概念作为切入点的话，结果就不同了：

> 《飘》讲述了一位任性倔强的南方丽人为了在战争中生存下来，顽强抵抗正在瓦解的社会规范，而她倔强的性格和不屈不挠的胆魄，却使她傲慢地拒绝了唯一一个能与她比肩的男人。

看，虽然这个主题表述也许并不完全准确，但是已经直击某个值得一提的东西。确定故事核心主题的一个方法就是问一问自己：这个主题词能否统括故事的其他主题？在《飘》这个故事中，斯嘉丽的胆魄居于首位，这一点影响到了其他的一切（无论影响是好是坏）：她的爱情、她对当时道德观念束缚的抗拒，以及她无法得到自己想要的东西时必然采取行动的永难满足的渴求。

◎ 主人公的问题与故事情节

采取行动？这不就是情节吗？我们都知道正是情节推动着主人公迈步前进，是情节不断地设置难度越来越大的障碍，逼得主人公跨越它们,以取得最终的胜利。

但是,情节推进的目的不在于验证主人公最终能否成功,而在于迫使他去直面从一开始就限制他自己获得成功的内在问题。这个问题有时被称为主人公的"致命缺陷",可以是深植于内心的恐惧、偏执的错误理念、犹豫不决的性格特征,主人公一直与之搏斗,最终必须战胜它才能跨越最后的障碍。而矛盾的是,一旦克服了致命缺陷,他就会意识到真正的成功并不是他一直以为的成功。很多浪漫喜剧都是这种情况,经常是:某个傻大个终于意识到原来他一直追求的那个迷人、高傲、富有、苗条的女神远不如隔壁那个温柔可爱的女孩。

斯嘉丽可不是这样。

斯嘉丽的致命缺陷是过于自我。过于自我的性格,配上势不可挡的胆魄,让她看不见自己的弱点,但我们读者能看到。所以我们一直期望她不仅能生存下来,而且能自我觉醒,不把孩子和洗澡水一起倒掉。她达到了我们的期望吗?差不多,但是太晚了。所以故事结束后,我们不能像瑞德一样无所谓,我们仍然为女主人公感到遗憾。

◎ 斯嘉丽的具体目标:她真正想要的是什么

且慢,在我们对这部小说的描述中好像还缺了点什么。没错,无论有没有致命缺陷,斯嘉丽都想生存下去。但我们不都想活下去吗?生存从本质上说是抽象的人类共性之一。也就是说,这样的描述适用于每一个人,因此它没有告诉我们关于斯嘉丽个人的具体情况，无助于为故事增彩。所以我们现在要问：对于斯嘉丽而言，生存意味着什么？从情节的角度来说（即在人物行动的具体层面），这个问题可以转换为：斯嘉丽需要什么才能让她感到自己终于幸免于难？答案是她家族的种植园"塔拉"。"塔拉"的意思就是土地。早年父亲曾对她说："土地是世界上唯一有价值的东西……"土地连接着你的过去和现在，让你成为现在的你。没有土地，你什么都不是。这一观念成为斯嘉丽的准则，她确信这是证明自己还活着的证据。

她的观念正确吗？土地是连接你的过去、成就你的现在的东西吗？天哪，还好实际上不是！这就是斯嘉丽既是一个成功者，又是一个悲剧人物的原因，这也使读者能理解她由于"致命缺陷"而看不清自己真正需求的行为，而不会恼火或沮丧。读者碰到盲目而任性的主人公时，如果理解其中的原因，往往会出人意料地接受命运的安排。这往往正是这类故事要讲的：为什么有人会无视一个其他人都觉得显而易见的事实或道理？事实上，有时这种顿悟只属于读者，而不属于故事主人公。这种顿悟来自读者突然的醒悟，读者突然意识到，主人公不会改变自己的执念，同时意识到主人公之所以执迷不悟是因为这样做对他有举足轻重的保护作用。

再说斯嘉丽，让我们在原来的描述上加一句。

《飘》讲述了一位任性倔强的南方丽人为了在战争中生存下来，顽强抵抗正在瓦解的社会规范，而她倔强的性格和不屈不挠的胆魄，却使她傲慢地拒绝了唯一一个能与她比肩的男人，因为她错误地把家族地产"塔拉"当作最重要的东西死守不放。

看到了吗？正好可以把它当作一个小型提纲。我们提取了主题——胆魄驱动的生存，并将其应用于主人公斯嘉丽的内在问题，然后贯穿于情节给她设置的障碍之中。通过综合论述故事主题、斯嘉丽的内在问题、故事情节，我们总结出了这本长达1 024页的小说的精华。我们用一句话（虽然这句话有点长）就概括了该书的主题，为读者提供了准确清晰的概览图。

◎ 应用焦点：如何使你的故事不跑题

虽然利用焦点是确定故事主题最简便的方法，但是这一方法用在你开始创作之前（或者你目前所处的任何创作阶段）的作用可能会更大。早用早受益，多晚都不迟，什么时候用对你都会有帮助。明确作品的主题，可以让你过滤掉一切与主题无关的、不重要的东西，而这正是大脑的潜意识在日常生活中为你做的工作。你可以利用焦点检验每个即将发生的转折变化和人物反应，检验它们与故事主题的相关性。

并不是说一旦开始写作就不能改变你对故事主题和故事问题的设定，也不是说故事的发展必然与你的预期设定完全相反，而是说如果真的发生了变化，你能意识到偏离并做出相应的调整（这也是创作前明确主题极其重要的另一个原因）。那要怎么做呢？既然你已经规划好了故事的发展方向，那现在就可以利用这一规划重新绘制故事的发展路线。记住，一个故事中途转换焦点，不但意味着故事发展的方向变了，而且意味着通往那个方向的一切安排都要随之改变。否则就像你登上飞往纽约的飞机却在辛辛那提降落，不仅方向不对，而且一切都要调整（比如你带的衣服就不合适）。好消息是，由于已经有了"地图"（这一点我们将在第五章详细讨论），你知道哪些地方要做调整。

这样能极大地满足读者的阅读习惯。既然他们理所当然地认为故事里的一切信息都是他们需要知道的，那么你身为创作者最忌讳的就是在你本来绝佳的故事中掺入非必要的内容和不相干的信息。

第二章　自查要点

- **你写的故事要传递什么观点？** 你希望人们看完后有哪些思考？你想如何改变他们的世界观？
- **你的故事要对人性做怎样的表述呢？** 故事是我们理解和认识世界的方式，因此，每个故事都会从某个角度告诉我们生而为人的意义，无论创作者是否在刻意传达这一信息。你的故事是如何阐述（解读）人性的？
- **你的故事有没有综合运用故事主题、故事情节、主人公内在问题来回答故事预设的问题？** 怎么判断是否做到了这一点？可以问问自己：我笔下的主人公在故事世界中的遭遇能否体现我设定的主题？是不是每一次情节转折变化都迫使主人公去面对自身的内在问题（也就是限制她成功的障碍）？
- **情节和主题是否紧扣故事预设的问题？** 记住，故事问题一直存在于读者心中，每个联系主题的事件都必须响应这一问题。

- **能否用一小段话概括故事的主要内容？** 你可以先问问自己，你设定的主题是如何编排故事情节的？接下来可以按照我们之前对《飘》所做的分析那样逐步进行。整个过程也许很艰难，但最终你会发现这样做很有用。

第三章
感其所感

认知秘密：
情感决定了一切事物的意义——如果没有感觉，就没有意识。

创作秘诀：
所有故事都以情感为基础——没有感觉，就无法阅读。

"真的,情感不仅意义重大,确切地说,情感就是'意义'本身。"

——丹尼尔·吉尔伯特(Daniel Gilbert),
《撞上快乐》(*Stumbling on Happiness*)

我们大多数人从小就相信理性与情感是截然对立的两极。理性像一顶忠实的白帽子，情感则是阴郁的黑帽子。至于哪个性别戴哪顶帽子，我们就不讨论了。反正人们一直认为，理性代表如实地看待世界，而情感则是不讲理的淘气鬼，总想搞点破坏。

然而，事实正如神经科学作家乔纳·莱勒（Jonah Lehrer）所言："没有情感，就不存在理性。"[1]有个悲伤的故事可以证明这一说法，但更悲哀的是，故事主人公的现实原型却丝毫不觉得悲伤，因为他就是无法体验情感。神经科学家安东尼奥·达马西奥有个患者叫艾略特，他在治疗良性脑瘤的手术中不幸失去了一小块前额叶皮层组织。手术前艾略特是一名公司高管，有一个幸福美满的家庭。而在达马西奥接诊时，艾略特已经失去了一切。不过，他仍然能在智商测试中排第 97 个百分位（智商超过 97% 的人），记忆力良好，也可以毫不费力地列举出某个问题所有可能的解决方案。但是他无法做任何抉择——小到使用哪种颜色的笔，大到判断是做老板吩咐的工作更重要，还是整天待在办公室按顺序整理文件夹更重要。[2]

为什么会这样？因为，达马西奥发现，大脑的损伤使他无法体验情感。结果，他对一切都置身事外，冷漠疏离，仿佛一切都无关紧要。且慢，这不是件好事吗？情感不再干扰蒙蔽人的判断，那他不就可以轻松做出理性的选择了吗？我想你已经知道答案了。没了情感偏向，每个可能的选项分量一致，一切都是半斤八两，没有轻重缓急。

正如认知科学家斯蒂芬·平克所言："情感是大脑设定最高层次目标的机制。"[3]当然，大脑也设定其他目标，比如，早餐吃什么。但是没有情感，艾略特无法判断什么重要，什么不重要，什么关系重大，什么无关紧要。

故事也是这样，如果读者感觉不到什么是重要的，什么是次要的，那么一切都无所谓了，是否把它读完也无所谓。那么，创作者要思考的一个问题是：这些情感从何而来？答案很简单：来自主人公。

本章将探讨如何巧妙地将最重要的却又最容易被忽视的故事要素编织进来，这个要素就是：在每个情节发生时，让读者知道主人公内心深处对所发生的事有什么反应。我们将解开以第一人称或第三人称传达思想的秘诀，揭露叙述中插入主观评论的弊端，深入研究如何运用人物肢体语言表达内心想法，然后重新思考那句专横的老话："要写就写你自己了解的东西。"

◎ 主人公：你感觉到我了吗

当我们完全沉浸在一个故事之中时，我们自身的界限就消失了。在那个当下,我们化身为故事的主人公,感受着她的感受,渴望着她的渴望,恐惧着她的恐惧——正如第四章所述,我们几乎代入了她的每一个想法。看书是这样,看电影也是这样。记得上大学时,看完凯瑟琳·赫本(Katharine Hepburn)的一部老电影后回家,一路上我感觉自己就是赫本,直到无意间瞥见昏暗橱窗玻璃上自己的镜像,我才发现原来我并不是《休假日》(*Holiday*)里的琳达·西顿(赫本扮演的角色)。突然间我又变回了自己,这也就意味着加里·格兰特(Cary Grant)(男主角的扮演者)不会在船上等我一起扬帆启航,驶向未来。

但是走在沙塔克大道上,至少在那美妙的几分钟里,我是以琳达·西顿的双眼来看这个世界的。这种直击心灵的感觉,就像是一份天赐的礼物——因为我的世界观从此发生了改变。琳达是她家族中的异类,我也是。她不顾一切与传统抗争到底,虽然她在阁楼里待了好几年,但最终她还是获得了胜利。也许我也可以。这样想着,回去时的步伐比来时轻快了很多。

这样的礼物在我后来读的那么多手稿中都没有再出现过,因为稿件的作者们都落入了一个共同的陷阱,从本质上讲,他们都使故事主人公成为读者无法接近的人物。他们误以为故事里发生的事件就是故事本身。而我们现在明白,真正的故事讲述的是事件如何影响了主人公,激起了主人公什么样的反应。

这就意味着,故事里的所有要素的情感分量和意义,都是基于它是如何影响主人公的。如果一件事对他没有影响,即使我们谈论的是生与死的问题,或者罗马帝国的兴衰,那也是完全中立的。你想结果会怎么样?中立性让读者觉得无趣。中立的叙事,不仅偏离主题，还会削弱主题。

因此，你写的每一个场景，主人公都必须做出易于理解的反应，使读者能够看到并即刻理解。这个反应必须具体且个性化，必须对主人公能否达成目标有影响。不能是不带感情的客观评论。

科学家研究发现，我们体验过的事都会被自动地裹上一层情感的外衣，读者本能地清楚这一点。为什么呢？因为它是我们人类的"计算机二进制"，它只问一个问题：**这事对我有害还是有益？**[4] 这个简单的等式潜藏于我们丰富高雅、复杂多变的自我意识的各个方面，构成了我们感知周围世界的基础。根据达马西奥的理论："任何意识图像，无论关于什么主题，都会诱发个体的情绪波动。"[5] 如果我们没有感觉，那我们也没有了呼吸。一个中立的主人公只能是一个机器人。

◎ 如何让读者快速代入主人公的视角

如果主人公的反应让读者感觉亲切，有个性，我们读者就会不知不觉地进入他的内心世界，我们就具有了他的知觉，能感受到他的感受，而且在整个阅读过程中我们都会沉浸在他的内心世界中。这并不是说我们感受不到其他角色的感觉，而是其他角色的所作所为、所思所感，最终必须通过它对主人公的影响来衡量。毕竟，这是主人公的故事，我们对其他一切的评价，都是以它们对主人公产生的影响为基础，因为从根本上来说，推动故事发展的是主人公的行为，主人公的反应和决定，而不是那些引发行为的外部事件。

主人公的反应有以下三种表现方式：

1. **外在行为**：弗雷德迟迟未到，苏焦急地走来走去，不小心踢到了脚趾。脚趾受伤了，她单脚跳着，骂骂咧咧，庆幸没把弗雷德喜欢的红色指甲油蹭掉。

2. **通过我们的直觉**：我们知道苏爱弗雷德，所以当发现他迟到的原因是跟苏最好的女性朋友琼在一起时，我们立刻先行感觉到了苏的痛苦，虽然此时她甚至不知道弗雷德认识琼。

3. **通过主人公的内在想法**：当苏向琼介绍弗雷德时，她立刻敏锐地感觉到他们之间有不寻常的关系。看着他们装作不认识对方，苏开始谋划杀害他们的种种细节。

故事里的事件透过主人公的视角传递给我们，使我们可以跟着她想清楚所有发生在她身上的事，这时我们就是通过主人公的眼睛看待一切。因此我们不仅看到了她所看到的事情，更重要的是，我们明白这些事对她有什么意义。换句话说，读者必须清楚主人公对所有事情的个人观感。

正是这一点赋予了叙事故事独特的力量。小说与戏剧、电影以及生活本身的区别在于，它提供了一条可以直接通往他人心里的路径，而进入他人的内心是你很想做却又做不到的事。这一点很重要，请记住：我们的大脑正朝着这个方向进化，目标就是能洞察别人的想法，能凭直觉就了解对方的动机、思想，甚至本性。[6]（第四章将进一步探讨这个问题。）虽如此，生活中，关键词仍然是"直觉"——现在就只是这样。电影通过人物行动画面，直观地传递思想，戏剧则凭人物对白。虽然这三者都可能具有不可思议的感染力

（尤其是生活），但说到底，它们都需要我们进行猜测。而在叙事中，那些明确表述出来的内心活动才是故事的生命力所在，因为内心活动的描述直接揭示了故事情节对主人公产生了怎样的影响，同时还包含他如何理解这件事的意义。

这就是读者想要的。因为他们的大脑潜藏着没有说出来的问题：**这样的事情发生在我身上，我会怎么办？在最佳状态下，我能做出怎样的反应？** 也许故事主人公的选择还能告诉读者们，面对这种情况不应该有哪些反应，这对读者来说也是很有用的回答。

那么如何引导读者了解主人公的想法呢？读者知道她是如何理解发生在她身上的事情的吗？也就是说，怎样才能让读者知道她的真实感受和想法？这个问题具有双重重要性，因为很多时候人物对事件的反应完全是内在的，可以是内心独白，可以是突发奇想、回忆，也可以是灵感顿悟。如何将它们编织进故事之中，取决于你用第一人称还是第三人称叙事。我们简单看一下这两个视角。

◎ 以第一人称传达思想

以第一人称写作，传达主人公的思想，似乎易如反掌。既然作者在给我们讲述他自己的故事，那么他讲的一切就都反映了他的想法，不是这样吗？然而，难就难在这里。为什么这么说呢？因为以第一人称叙述，意味着故事中每一件事都直接暗含叙事者自己的观点。所以叙事者的个人观点将融入他讲述的所有故事内容中。他传达的每个细节，无不反映了他自身的倾向，揭示了与他有关的信息以及他看待世界的方式。想想罗生门效应：假如一件事被四个人目睹，那么对这件事的描述就有四个不同的版本——每个都有一定可信度。是不是其中只有一个真实可信，其他三个都不符合事实呢？当然不是。只是他们各自以自己的世界观对发生的事情进行了加工，每个人从中挑出自认为必须关注的某些方面，根据自己的看法赋予其意义，这样就得出了不同的结论。

有没有一个绝对客观的真相呢？也许有，但是既然我们对事物的体验本身就是主观的，那我们又怎么知道呢？这也就意味着在第一人称叙事中，叙事者告诉我们的所有事情都融入了他自己的主观看法，因为事实是故事里的所有细节都是他精心挑选的。换言之，当以第一人称写作时，叙事者讲述的一切都是主观的。

这跟第三人称叙事有什么差别？差别在于远近亲疏。在以第三人称叙述的故事中，很多时候读者要根据自己对主人公的了解，来判断全知全能的叙事者（也就是正在写故事的你）转述的事情具有什么意义。举个例子，泰德决定给金吉一个惊喜，给她买一套全新的橙色长毛绒沙发，这件事本身是中性的。但是如果我们知道金吉很喜欢她的旧沙发，讨厌橙色，至于"长毛绒"更是问都不用问，那么我们就十分清楚，她看到新沙发时会是什么感觉——无论当时她对泰德说了什么。

而用第一人称讲述时，没有一件事能做到中立，没有一刻能中立。这就意味着，叙事者绝不会告诉我们跟他没有任何关系的事。他不会完全客观地用大篇幅向我们介绍某个小镇的景色，埃德娜上班穿的衣服，香甜的法式小蛋糕，里根政府是如何毁掉美国的。当然，他可能会提及这些情况，但是如果提到这些情况，那只是因为这些事对于他正在讲述的故事有特定的影响。我们可以把第一人称的叙事者看作自恋狂（此处没有贬义），故事里的一切都必须和他相关，否则他怎么会给我们讲这个事呢？

总之，叙事者挑选出来讲述的每一件事情都掺入了他自己的想法，而且他会对自己提到的每件事下结论。不仅如此，他还会直接说出自己对于每件事的看法。当然，他所说的一切有可能完全错误——第一人称叙事者往往不可靠，所以分辨真假就成了读者阅读时的乐趣之一。

第一人称叙事者唯一无法告诉我们的是别人在想什么，别人有什么感觉。所以当弗雷德谈起与苏分手的情况时，他不能这样说："我告诉苏我爱上了琼的那一刻，她好像感觉自己的肚子挨了一拳。"不过他可以采用这种说法："我告诉苏我爱上了琼的那一刻，她的脸一下子煞白，好像胸口挨了一拳似的。"弗雷德可以推断苏的感受，但不能直接肯定地描述出来。当然，如果弗雷德在故事中被设计为那种自以为完全明白别人感受的人，他就可以直接描述苏仿佛挨了一拳的感受。但是这样的话，我们就会发现，弗雷德的描述只反映了他自以为是的性格，而并没有告诉我们苏的真实感受。

不过要是弗雷德没有任何感觉呢？因为，你看，他拒绝接受现实，所以当苏不断暗示她已经知道他和琼的秘密时，他自然地没有做出任何反应。没错吧？听起来像是"第二十二条军规"的现实版，对吧？因为如果你知道自己有这种鸵鸟心态，那你就差不多知道事情已经败露了。因此，当用第一人称（或者用第三人称）叙事时，你怎么可能转述弗雷德心里没有想到过的东西？

毫无疑问，你绝不会让弗雷德没有任何想法。要描述他这种鸵鸟心态，你就要让读者看到他如何解读苏给他的那些暗示。也就是说，他会怎么样把这些暗示合理化？其实这种状态没有那么容易表现出来，因为它不是一种"空白"状态，反而十分复杂，需要下功夫。谈到如何维持良好的身心状态，我们每个人似乎都是专家。[7] 这就意味着，弗雷德会不遗余力地解读任何事件对自己的意义和影响，而他的解读与读者的理解明显不同。

总结一下，以第一人称写作时，记住以下几点会有所帮助：

- 叙事者所说的每一个词都必须在某种程度上源自他本人的视角。
- 叙事者绝不会提及任何对他毫无影响的事。
- 叙事者对他提及的事都会下一个结论，确定对自己有何影响。
- 叙事者永远不会中立，他总是有其自身的目的。
- 叙事者永远无法告诉我们别人的想法或感受。

◎ 以第三人称传达思想

以第一人称叙事的一个巨大好处是：你永远不用担心读者会不知道你在传达谁的想法，反正所有的想法都属于叙事者。但是以第三人称叙事的情况就完全不同了，尤其是它本来就有几种细分情况。这里先列出最常用的三种情况。

1. 第三人称客观视角

故事从一个外部客观视角叙述，所以作者不会将我们带入人物的内心世界,不会讲他们的感受和内心活动,而是像放电影一样(只是画外音有点长),通过人物的行为来反映这些信息。如果你以第三人称客观的视角来写,你必须借助外在的线索(肢体语言、着装、他去的地方、他做的事情、他接触的人,当然还有他说的话)向我们展示主人公的内在反应。

2. 第三人称限制视角

这一视角与第一人称很像,因为你只能讲述一个人物(几乎总是主人公)的所思、所感、所见。这样的话,主人公必须出现在每个场景中,而且清楚所有发生的事情。与第一人称叙事的区别只有一个:你使用的人称是"他"或"她",而不是"我"。与第一人称叙事一样,你不能明确地讲述主人公之外的人物有什么想法或感受,只能让人物在对话中自己说出来。

3. 第三人称全知视角

这一视角下,故事由一个无所不见、无所不知、公正客观、值得信赖的叙事者(也就是你)讲述。这样的叙事者能看到每个人物的内心,向我们讲述他们在想什么,有什么感受,以前做过什么,将来会做什么。当然,关键是要把这些都记录下来。而且,要确保一直待在幕后。因为即使是木偶大师的瞬间露面也会毁掉观众的幻象——这是没有提线的木偶。

因此,我们如何用第三人称限制视角或第三人称全知视角传达人物的想法呢?答案是,运用某种读者看来类似于心灵感应的手段。讲得好的故事在这方面做得很好,让我们根本察觉不到它们在这样做。实际上，我可以大胆地说，要是你看了几百本以第三人称叙事的小说，它们都会巧妙地向你暗示故事人物的想法，而要你分析它们是如何做到这一点时，你可能会想是否应该把某些句子变成斜体，或者加上引号，以明确将其标注为内心活动。其实这些做法都不对。

  一旦你掌握了将人物的想法融入字里行间的艺术，读者就能够自动地将人物的内心活动与叙事者的声音区分开来。读者本能地期待主人公有自己的观点，而你作为叙事者最好把自己的观点藏在心里，因为在读者看来，你甚至不存在。叙事者的讲述应该保持中立，作为全知的叙事者，你应该隐身幕后，只报告事实。另外，你笔下的人物可以自由地就任何他们想说的事表达自己的观点。只要读者明白自己待在谁的内心世界中（也就是明白跟随哪个人物的视角），你就基本上不需要给予任何引导。以伊丽莎白·乔治（Elizabeth George）的《不在乎红》（*Careless in Red*）为例。

  艾伦叫道："凯拉。"

  她没有回答。她决定用杂烩拌饭和青豆做什锦饭，再配上面包布丁。这得花上几个小时，不过她觉得没问题。鸡肉、香肠、大虾、青椒、蛤蜊……需要的料还有很多。她决定做够一个星期的量，这样做的好处是，他们可以随时盛一点出来，放在微波炉里热一热就能吃。微波炉还真是个好东西，让生活变得更简单了。对了，要是有一种能装人的，功能类似于微波炉的电器，不就满足了年轻姑娘们的心愿吗？把人装在里面，不是要加热他们，而是改变

他们，让他们变得跟原来不一样。那先把谁塞进去呢？她在想，是她妈妈，她爸爸，桑托，还是艾伦？ [8]

写得真好。作者把做什锦饭这样的日常小事作为触发点，跳到一个关键问题的核心之中。注意作者运用的手法：她让我们随着凯拉的一连串思绪，缓缓离开现实，进入隐喻的世界中，把改变人喻为微波炉加热，还觉得这是不错的想法。还有一点也值得注意：我们凭直觉就知道有这个想法的人不是作者乔治而是凯拉自己。事实上，即便删除文中"她决定"和"她在想"这两个地方，我们还是能够明白。

通常人物的想法可用于确定叙事的声音和调子，进而奠定故事基调——从故事第一页开始。下面是安妮塔·施里夫（Anita Shreve）的小说《飞行员的妻子》（*The Pilot's Wife*）的第二段。到这一段，我们只知道主人公凯瑟琳在天亮前突然惊醒了。

灯火通明的房间让她警觉起来，感觉哪里不对劲，就像深夜急诊室一样。脑海里蹦出来一连串的念头：玛蒂，杰克，还有邻居，还有车祸。可是玛蒂已经睡了，不是吗？凯瑟琳自己叫她去睡的，亲眼看着她走过门厅，穿过一扇门，门重重地关上了，简直就是摔门而入，这动作足以表明态度却又不会引起责骂。至于杰克——杰克哪儿去了？她抓了抓耳边鬓角，把睡觉时压塌的头发理好。杰克……他在哪里？她努力回想他的日程表：伦敦。大概午餐时间该到家。她很确定。难道她记错了？他又忘了带钥匙？ [9]

注意，在这段扣人心弦的文字中，每一个事实与每一个新的细节组合起来，都有含义。也就是说，细节放到一起，合情合理。读者眼前浮现的是关于凯瑟琳的直观描写，她的家庭生活，她发现有些事不对劲，当她努力压制不断涌出的怀疑时，她是如何加工信息的。推动情节发展的，不仅是她的思绪（思绪内容本身很简单），更重要的是她的思维模式——断断续续，杂乱无章。施里夫只给了我们极其有限的提示——"脑海里蹦出来一连串的念头""她努力回想"。这些提示有助于突出内心活动本身，同时也奠定了一种风格和基调，让人感觉耳目一新，难以抗拒。

但是这种提示真的必不可少吗？一定要作者来告诉我们说我们已经脱离叙事者视角，进入人物内心中去了吗？这当然不是必需的。看一看下面这段从埃尔莫尔·伦纳德（Elmore Leonard）的《疯狂玩弹家》(Freaky Deaky)中摘录的文字，其中没有任何标记或提示。

> 罗宾看着他喝完了葡萄酒，接着又倒上一杯。可怜的小家伙，得给他找个妈。她伸出手，碰了碰他的胳膊："马克！"她能感觉到他的肌肉绷紧了，觉得这是个好兆头。[10]

很明显，是罗宾，而不是作者伦纳德，把马克看作一个需要妈妈的可怜小家伙，这还有疑问吗？然而，文中没有引号，没有斜体，也没有"她想""她很纳闷""她意识到""她正思索"，等等。没有任何文字将它标记为罗宾的想法。为什么呢？因为根本不需要。我们能理解，就像我们清楚，觉得马克肌肉紧缩是好兆头的人也是罗宾。要是让作者来说的话，那罗宾也许完全搞错了。这正是吸引我们看下去的因素之一,我们想知道是不是这么回事。

注意,与第一人称叙事一样,以第三人称叙述的某个人物也不能对别人的感受或即将要做的事情做确定的表述。就像现实生活中一样,故事中的人物能做的也只是猜测。而且这样的猜测通常会反映出猜测者本人的信息,比如,《不在乎红》中有一段文字,描述塞莱文和他那老成持重的孙女塔米的对话。

> 她若有所思地点点头,从她的表情,可以看出她又准备歪曲他的话,以此来反驳他,因为她太精于此道了。[11]

其实,说塔米打算歪曲对话、反驳对方的并不是作者乔治,从她的表情得出这个判断的人是塞莱文。这一点能说明三个问题:第一,他觉得对方一定会这样做;第二,她也许并不会这样做;第三,最能反映问题的是,他觉得几乎自己所说的每件事她都会歪曲、反驳。既然《不在乎红》采用了第三人称全知视角,那么如果作者想要表明塔米其实没有误解塞莱文,那她可以在下一句中把我们带到塔米的内心世界吗?

不行的,她不能这样做,因为这样会犯下一个严重错误,这个错误被称为"视角跳转"(head hopping)。

◎ 视角跳转

无论你是从哪个人物的视角叙述,每一个场景你只能选定一个人物的视角。因此,既然这里作者从塞莱文的视角展开这幅场景,那么她就得保持下去。为什么?因为在同一个场景当中突然转换视角往往显得不和谐，会直接打断叙事的流畅性。这样做就会出现类似下面这样的叙述：

> 安走来走去，心想杰夫什么时候能打起精神告诉她发生了什么事。他最后有没有把他们俩的事情跟他的妻子米歇尔摊牌？他为什么一副伤心难过的样子？她希望这是个好迹象，可是她再怎么努力，也想不出一条有希望的理由，来解释他为什么这样缩在沙发角落里，盯着破损的地毯看个不停。这时她意识到，这地毯需要好好洗一洗了。她再也受不了了，转身对他说："杰夫，究竟发生了什么事？你怎么了？"
>
> 安都知道了，杰夫暗想。我可以感觉得到。没错，我跟米歇尔谈到了安。安也知道米歇尔听到后会笑着说："去吧，你跟那个废物私奔好了。我敢打赌，她一定是那种家里一堆烂地毯的女人。"我以前太傻了。可是我怎么跟安说一切都结束了？也许如果我就坐在这里盯着地毯看，她就会猜到。女人不都有这样的直觉吗？
>
> 杰夫没有回答，安的心沉了下去。这样的情形只有一个解释，那就是他已经告诉了米歇尔，而米歇尔又提到了那个破地毯。自从3月份她开了间地毯清洗店以来，她就经常把这事挂在嘴边。天啊，杰夫真是个大傻瓜！

读得人云里雾里，是吧？那作者们为什么会这么写呢？因为他们以为这是传达场景关键信息的唯一途径。但真是这样的吗？非也。

◎ 肢体语言

想象一下,你沿街走着,拐一个弯,看到前方有个人缓步行走,离你两个街区远。虽然从后面看这人有可能是任何一个人,然而你立刻认出他就是你最好的朋友。怎么认出来的?看他走路的姿势。[12] 欢迎来到肢体语言的世界。

肢体语言是一种不会撒谎的语言。正如斯蒂芬·平克所言:"意图源自情感,而情感进化出了相应的面部表情和肢体语言。除非你掌握了斯坦尼拉夫斯基的高超表演艺术,否则你很难伪装自己的表情和肢体语言。事实上,它们得到进化正是因为难以伪装。"[13] 换言之,人类最早学会解读的对象就是肢体语言,因为早在石器时代,人类就明白,一个人说出来的话和他真正想表达的可能是两码事。

你笔下的主人公也是如此。叙事的目的就是通过肢体语言向我们展示一个人物的真正感受——特别是当他想说的话与他能说的话之间存在较大距离的时候。最常见的一个错误是通过肢体语言的描述传达一种我们已经很清楚的情况。如果我们已经知道安很伤心,那为什么要用整整一段来描述她哭泣的样子呢?所以说,肢体语言应该用来揭示一件我们不知道的事情。运用到妙处,人物的肢体语言可以告诉我们他们脑海里真实的想法。所以,当肢体语言与当时的场景不一致时,其运用效果最佳,可能是借助肢体语言向我们揭示一些故事人物不想让别人知道的事情,如:

　　安强作镇定,但右脚还是在不停地颤抖。

也可能是借助肢体语言打破人物的期望,如:

>杰夫终于离开了米歇尔，安希望杰夫能为此感到高兴；相反，他只是坐在那里，弓着背，一脸悲伤地盯着那令人尴尬的破地毯。

我们感觉到了安的痛苦，因为作者让我们知道了她对杰夫的期待——她期待杰夫带着行李和微笑回来。可结果相反，他回来时带着沉重的包袱，愁眉不展。如果我们不知道安期待的是什么，不知道她后来得到了什么，那么一切对肢体语言的描述都徒劳无功。这一点好像显而易见，然而，你会惊讶地发现，创作者经常忘记告诉读者故事中某个人物的期待是什么，所以当期待的结果没有出现时，读者根本不知道故事人物的希望破灭了。

记好这一点，我们再来看安和杰夫的例子，这次运用肢体语言传递信息：

>最后，她再也受不了了，转身对他说："杰夫，究竟发生了什么事？你怎么了？你有没有跟米歇尔说我们俩的事情？"
>
>杰夫坐在那里，没说话。相反，他只是看着安，看她在一块越来越小的地毯上来回踱步。他瞥了一眼她的脸，看见她紧咬牙关，目光来回扫过。
>
>安的心沉了下来，她知道米歇尔一定又提到了那条脏烂的地毯。不然他为什么坐在那里，只用余光看着她？这个懦夫！他可能正等着她自己想清楚，然后自己悄悄地离开。她心想，杰夫真是个大傻瓜，离开他我只会活得更好。

在这个版本中，尽管我们听不到米歇尔具体跟杰夫说了什么，但是安的内心活动足以让我们看到他们之间的动态发展。看到了吗？通过解读肢体语言，我们就可以清楚地了解杰夫的想法。既然我们知道了安想要什么（杰夫），又知道她意识到自己得不到什么（杰夫），她的肢体语言也告诉了我们她来回踱步时心里在想什么，正如杰夫的肢体语言也揭示出了他对安的反应。这纯粹是视觉画面，但很有效果，因为从叙事的角度看，我们明白这些肢体语言在情感上对于他们俩意味着什么。如果不明白这层含义，这个场景就会显得晦涩难懂。没错，我们知道他们俩之间气氛很紧张，但我们不明白因为什么而紧张。

且慢，为什么要拐弯抹角？为什么不直接告诉读者他们俩的感受？这样同时也可以向我们透露一下谁对谁错，谁更混蛋。我的意思是，不直接告诉读者，要是他们误解了怎么办？

◎ 说一说创作者的主观评论

相信我，只要让我们感觉到，我们就一定知道谁是对的，谁可能不对。相反，如果直接告诉我们要有什么感觉，我们只会感觉自己被欺负了。因此，当你确保已经传达了某一行为对主人公的影响的时候，你会想要抑制自己的冲动，并通过告诉读者他该怎么想，该有什么感受来进一步推动情节发展。这就叫主观点评——出现在报纸的专栏文章中是完全没问题的，因为它的目的本来就是告诉读者对某事件应该有什么看法，有什么感受。但是在故事中，指示读者该有什么感觉，不仅会惹恼他们，还会直接把他们推出故事的世界。读者读故事的目的是要按照自己的方式体验故事情节，而不是听别人讲大道理，不是接受一套别人得出来的结论。这一点甚至适用于像感叹号这样看似无害的小细节。感叹号几乎总是使人分心！真的！更糟糕的是，它们会使读者"出戏"，因为感叹号等于直接给读者下命令，而不是让故事本身触发读者的情感反应。

所以说，如果你要我们认为约翰是个大坏蛋，那就要让我们看到他在干坏事。这跟平时生活中是一样的。比如，你的同事维基跟你说起她的邻居（这个邻居你没见过）："那个叫约翰的家伙，真是个混蛋，他是我见过的最自私、最无耻的人。"你看，这时即使她对于约翰的评价完全正确，可是因为你既不认识约翰也不知道维基根据什么做出了这样的评价，所以你根本没办法确定这个评价是否正确。你总听到维基一遍又一遍地唠叨约翰有多坏，她的话听起来就有点刻薄。所以你就会想，究竟她做了什么事情让约翰变成这样一个小气鬼。你的反应显然与她跟你讲约翰的意图完全相反。

不过如果维基不直接告诉你她的看法，而是告诉你约翰会偷他奶奶的钱，在火车上推推搡搡，还往老板的咖啡里吐口水，那么你不仅会认同她的观点，甚至还可能比她更讨厌约翰。

你的任务不是去评价故事人物，无论他们有多么卑鄙，或者有多么伟大。你的任务是尽可能清晰而不带个人感情地铺开故事情节，展示它对主人公的影响，然后闪到一边去。有意思的是，你越是不告诉我们该有什么感觉，我们就越有可能产生跟你的设想完全相同的感觉。只要你让我们觉得是自己在体验、在感受，那么我们就会任你掌控。所以，作为全知全能的叙事者，像下面这样讲故事可能效果就不是很好：

"我想我不能嫁给你,山姆。"艾米莉说道,带着那些自以为比男人高一等的女人都有的居高临下的傲慢姿态。

如果这是第一人称叙事,由一个名叫山姆的悲愤的主人公讲述,那就合情合理了。然而,如果这是创作者本人在说话,那他很可能就暴露了更多关于他自己的信息,而这并非创作者本意。不是危言耸听,这样的情况真是屡见不鲜。正如深知与魔共舞的作家约翰·沃尔夫冈·冯·歌德(Johann Wolfgang van Goethe)所言:"在某种程度上说,每位作者的作品中都有他自己的影子,即使表现自己并非出于作者本意。"这就意味着也许有必要重新审视那条古老的原理:"知道什么写什么。"

神话:知道什么写什么
现实:情感上知道什么写什么

如果你的主人公会吹小号,之前是神经外科医生,现在是美国中情局驻南极洲的特工,当然你最好都要有所了解。但是从更大的意义上说,"知道什么写什么"指的是你在情感层面的认识,而不仅是对事实的认识。简言之,你知道什么东西能让人兴奋。

写出你知道的内容其实是个危险的游戏,因为我们的天性会默认别人和我们拥有同样的知识和信念。[14]这种本能的倾向诱发了传播学家奇普·希斯(Chip Heath)和丹·希斯(Dan Heath)所说的"知识的诅咒"现象。他们解释说:"一旦知道了某件事,我们就很难想象不知道这件事会是什么情况。我们的知识'诅咒'了我们。结果我们很难跟别人分享自己的知识,因为我们不能轻易地再现听者的心理状态。"[15]

如果创作者下意识地认定读者对创作者自己热爱的内容已经知晓,甚至以为读者会很感兴趣,那他写下来的故事往往会严重失衡。一方面,创作者对自己的主题太熟悉了,使得他对有些内容一带而过,而这些内容其实读者毫不知情;另一方面,创作者很容易陷入"情节实际如何推进"这样的细枝末节,反而看不到故事本身。出于某种原因,这似乎特别容易发生在律师身上。这些年来,我看过无数这样的手稿:故事戛然而止,创作者们停下来罗列出每件事的法律后果,仿佛如果忽略了哪一点细微的法律知识就会被读者起诉似的。

同样暗藏危险的是这个普遍的误解:只要某事"实际发生过",它就一定具有可信度(说得通)。所以,牢记马克·吐温(Mark Twain)的精妙观察对你总会有所帮助:"难怪事实比小说更离奇,毕竟,小说必须合乎情理。"

怎样把故事讲通呢?充分运用你对人性和人际互动的认识,坚持始终向我们展示故事每个细节背后的情感根源。是不是要在下笔之前就敲定所有的细节呢?当然没必要。正如小说家唐纳德·温汉姆(Donald Windham)所言:"我不赞同'写你知道的东西'这个建议。写你需要知道的东西,努力去理解它们。"

说到理解,最后交代一点:用词越大,表达的情感越虚。事实上,大词能传达的信息很少,只会让人觉得你在卖弄文采。可惜无论是初学写作的青年作家还是美国国家图书奖获得者都容易忘记这一点。该奖获得者乔纳森·弗兰岑(Jonathan Franzen)的一番话最能说明这一点,他谈到自己曾经收到一封读者来信:"这位读者先是罗列了我的小说中出现的30个花哨词和短语,比如'昼行性''对跖点'这样的词,'电子点彩画画的圣诞老人的脸'这样的短语,然后提出了一个发人深省的问题——'你的书到底是给谁写的?我看肯定不是给只想享受阅读乐趣的普通人写的'。"[16]

我们都是他说的普通人,而且我们获得的阅读乐趣并不肤浅,它深植于我们的天性之中。这种乐趣使我们暂时把现实生活抛在脑后,转而穿上别人的鞋(站在别人的角度),以别人的身份体验不一样的生活。而那些漂亮的大词呢?它们只不过是鞋里的砂石,讽刺的是,它会让原本享受故事的读者分心。

第三章 自查要点

- **主人公有没有对故事中发生的一切都做出反应?读者能否立即理解她的反应?** 我们能否看出故事中发生的事情和主人公产生某种反应的原因之间有因果关系?我们是否知道她的期望是什么?进而判断出她的期望是否得到了满足?如果在此情况下,她的期望没有得到满足,我们是否知道这一结果会对她造成什么影响?

- **如果以第一人称写作,有没有把故事中的一切都透过叙事者的角度来衡量?** 记住,第一人称的叙述中,叙事者不会提到任何与故事无关,没有烙上她的个人印记的事。

- **有没有把你的评论留在评论区,让它远离故事?**

越是想要传达某个信息,越是应该把这个任务交给故事本身。阅读的乐趣在于自行对故事传递的信息做出判断。写作的乐趣则在于暗中布局,使读者最终自愿地选择你的观点。

- **有没有运用肢体语言来传递我们还不知道的信息?**

要把肢体语言描述当作一种叙事手段,向读者暗示:看事物不能光看表面。

第四章
主人公究竟想要什么

认知秘密：
我们所做的一切都以目标为导向，而我们最大的目标就是
弄清楚他人的动机，以更好地实现我们自己的动机。

创作秘诀：
如果故事主人公没有明确的目标，就没有需要解决的问题，
也不知道走向何方。

"社会化地思考问题,是大脑最擅长的功能,似乎也是大脑与生俱来的功能。"

——迈克尔·加扎尼加(Michael Gazzaniga)

书籍问世之前，人类就在阅读彼此，现在依然如此，每天每分钟我们都在解读他人。我们本能地知道每个人做任何事背后都有动机，所以要确保他人不会从背后捅我们一刀（也可能不拿刀子）。我们都希望得到友爱善意和理解同情，得到一大盒美味的巧克力。所以，注意这点很有意思："动机"这个词通常带有负面含义，暗含某种马基雅维利式（不择手段）的意味，就像"奸佞""摆布""狡黠"这类词一样。而事实是，"动机"只是目标的另一种说法，说成"目标"就显得中性，完全是生存之所需。

事实上，斯蒂芬·平克将智慧生存定义为"通过了解事物运行原理，跨越障碍，实现目标"。[1] 听起来是不是跟故事的定义差不多？而且这一点也很有意思：无论在现实生活中还是在故事的世界里，最普遍的障碍都是如何弄清他人的真实意图。难怪神经科学家会有这样的发现：我们的大脑天生具有一种类似于 X 光眼镜的装备——镜像神经元。

脑神经科学家马科·亚科博奈（Marco Iacoboni）是这一研究领域的先驱，根据他的研究，当我们观察别人做某件事，和我们自己也做这件事时,我们的镜像神经元都会被激活。但这时我们不仅要记录下生理上的感受,其实我们真正的目的是"理解"这一行为。[2] 正如迈克尔·加扎尼加所言:"因为有镜像神经元,你不仅看到了有人正在抓取一块糖,你还知道她准备吃掉它,或者扔掉它,或把它放进包里,或把它递给你——如果你正好足够幸运的话。"[3]

镜像神经元能让我们真切地体会到别人的经历,就像它发生在自己身上一样,从而更好地推断"别人知道的事情,以准确无误地解释他们的欲求和意图"。[4] 但有趣的是:我们不但镜映他人,我们也会镜映故事中的人物。

曾有一项研究在被试阅读短篇小说的过程中对他们的大脑进行核磁共振扫描,结果显示,当他们读到某个活动时,大脑某个部位亮起,而这个部位与他们实际体验该活动时亮起的部位一致。是的,是的,我能看到你们那些读过情色小说的人正会心地点点头,心想:哈,你竟然要扫描大脑才知道这事儿?

关于故事对我们的生理影响,上述研究论文的合著者杰弗里·M. 扎克斯(Jeffrey M. Zacks)说:"越来越多的心理学家和神经科学家认为,在我们阅读故事、理解故事的时候,我们会对故事中描绘的事件进行心理模拟。"但是,正如该研究的第一作者尼可·斯皮尔(Nicole Speer)指出的那样,实际情况远不止于此。"这些研究表明,阅读绝不是一项被动的活动。相反,读者在阅读过程中会有意识地模仿他在故事里碰到的每一个新场景。读者从文本中捕捉行为动作和感官知觉的每个细节,将其融入个人经历。这些数据随后运行于心理模拟之中,这一过程使用的脑区与人们在现实生活中实施、想象、观察现实世界的相似活动时涉及的脑

区高度重合。"⁵

换言之，阅读故事的时候，我们会真的把自己当成故事的主人公，感受着她的感受，经历着她所经历的一切。这时我们的感觉百分百基于一样东西：主人公的目标。主人公的目标决定了她如何评价其他人物所做的事情。如果不知道主人公想得到什么，我们就不清楚她为什么这样做，不知道这样做如何帮助她实现目标。正如平克所言，没有目标，一切都失去了意义。⁶

这句话值得我们思考，所以本章中，我们的目标就聚焦于如何确定主人公的目标，因为故事中的一切都因主人公的目标而存在。我们将考察其内在目标与外在目标的差异（两者常相互矛盾），探讨让主人公困惑挣扎的核心问题如何一直推动着这两个目标的实现。我们还将探讨如何给主人公设置外部障碍，以增强故事的曲折性，不让故事未热已凉。

◎ 每个人都有目标

镜像神经元让我们站在主人公的立场上走了 1 英里⊖，这就意味着主人公必须的的确确正在赶往某地。好消息是，每个人——无论是现实中的人，还是虚构的人物，抑或亦实亦虚的人物——都有目标。即使那些安于现状拒绝改变的人也有目标，事实上，保持现状才是最大的挑战。面对永恒的变化，要保持不变绝不是件容易的事，就算你坚决地躺在懒汉椅上，紧紧地闭上双眼，狠狠地捂住耳朵，大声地哼唱，你也很难抵抗变革力量的不断冲击。

⊖ 1 英里 = 1.609 千米。

更好的消息是，主人公想要什么，决定着她如何应对发生在自己身上的事。美国前总统德怀特·艾森豪威尔（Dwight D. Eisenhower）有句话完美地阐释了故事创作的成功秘诀，他说："在生活中，在战争中，或者在任何其他方面，只有确定了一个高于一切的目标，并使所有其他的考虑服从于这一目标，我们才能取得成功。"[7]

在故事情节的设计中，所有其他考虑都要服从的对象就是主人公的外在目标。道理看似简单，但是想到这个问题你就不会觉得简单了：主人公的外在目标服从于她的内在问题，而内在问题一直困扰纠缠着她，使她无法轻易地实现既定的目标。这种内心的挣扎正是读者想读到的内容，无论他有没有意识到这一点。驱动读者读下去的问题是：实现这个目标需要消耗主人公多大的"内力"？

举个简单的例子。在电影《虎胆龙威》（*Die Hard*）中，约翰·麦卡伦的目标是什么？阻止恐怖分子杀害在中富广场举办公司圣诞晚会的所有人员？干掉汉斯·格鲁伯？活着见到黎明？当然，这些事他都想办到。可是他的目标是赢回跟他分居的妻子霍莉，这在影片开头第一幕就表明了。之后发生的每件事都迫使他正视妻子离开自己的原因并努力克服它们，而与此同时他光脚穿过碎玻璃，躲开机关枪的扫射，跳入一幢50层高的大楼的电梯井。

◎ 没有目标，就没有衡量标准

如果你没给主人公提供一个深植于心的驱动性目标，让他相信可以通过努力探索实现这一目标，那么故事中发生的各种事情就会显得杂乱无章，没有意义。如果不知道主人公要什么，也不知道他的问题是什么,那就会像格特鲁德·斯坦(Gertrude Stein)说的:"那还讲什么这里、那里。"没有目标,就没有标准来衡量主人公在他的征程中走了多远,他的行程也就失去了意义。

因此,读者就不可能预测接续发生的事件,也就对故事本身毫无概念。这就像看球赛不知道规则,不知道怎么计分,甚至不知道这是一场比赛。想象一下,主人公汉克,穿着弹性纤维制服的大个子,接住了一个扁长的球体(你都不知道它其实是橄榄球),突然间,一群同样穿着弹性纤维制服的彪形大汉向他冲过来。现在怎么办?他该往右跑,往左跑,还是把球扔给那个穿红色制服的家伙?或者干脆抱住不放?如果不知道主人公的目标是什么,一切都显得混乱无序。如果这些编排不合情理,没有规则可循,读者自然也就不知道接下来可能发生什么。正是对"接下来要发生什么"的预测和期待触发了读者的阅读兴趣和陶醉之感,所以,不能创造这种期待的故事必然无人问津。

◎ 构建有意义的事件链条:情节能否讲通

进入更深层次的讨论之前,有个要点必须牢记。这一点我们读故事时都知道,但自己写故事时却常常忘记:在读者的预设中,作者讲述的每个细节都是基于完全的必要性。作为读者,我们会假设,我们不需要知道的事,作者不会为之浪费宝贵的时间。我们相信,每一条信息、每一个事件、每一个细节描述(小到如何描述主人公的家乡、他用了多少发胶、他的鞋多么破旧)都有作用和意义,也就是说,它会带来某种后果,或者帮助读者领会正在发生的事情。如果读下来发现它没有什么作用，我们要么会失去阅读兴趣，要么就自行编造出一个结果，或者强加某种意义。后者只是将我们失去兴趣的时间推迟了而已，到那时，我们会既失望又恼火，因为我们费神费力挖掘作者想要表达的意义，结果却发现他根本没有表达任何意义。

但是，如果你确定了主人公想要什么，明确了她为达到目标必须克服哪些内在问题，那你就可以胸有成竹地建构主人公的追求，因为你知道自己有一个坚固的框架来指导自己。举个例子，万达想要得到爱，因此她的目标就是找到一个完美的男朋友，实在不行的话，一只漂亮的金毛寻回犬也可以，最好还是擅长叼东西的那种。于是这就成了该故事里高于一切的目标，同时也是故事悬疑：万达能得到爱吗？是男女之爱还是别的什么？这是我们从开始阅读小说时就在寻求答案的问题，这个信息告诉我们主人公对于故事中发生的事情会有什么反应。所以当赛斯对万达暗送秋波时，我们知道她一定满心欢喜，而如果她没有如此急切地渴望得到爱，那么她一定能像我们一样看出塞斯只是个到处留情的傻瓜。

当然，知道这些还不够，我们还不知道她有什么内在问题。记住，故事的任务之一是透过生活表面挖掘本质性的东西，而不是简单地呈现生活事件。主人公对生活事件蕴含的意义的解读，故事可以阐明，而在现实生活中，事件的意义就不易理解。朱利安·巴恩斯（Julian Barnes）很好地概括了这一点："书中可以说，他这样做是因为……而生活只能说，他就是这样做的。书籍可以把事情解释给你听，而生活本身却不能。"[8]

在故事创作中，需要解释的就是主人公为什么想要得到他想要的东西，这个东西对他而言有什么意义，他需要付出什么代价才能得到。这些问题正是我们作为读者最感兴趣的问题。认知心理学教授兼小说家凯斯·奥特利（Keith Oatley）说："在阅读文学作品的过程中，我们能体验到受压迫的痛苦、失败的苦闷、胜利的喜悦，但身处安全之地……（在阅读中）我们能提升情绪理解能力。那些在日常生活中可能看起来太陌生，甚至太危险的人，很难引起我们的共鸣或同情，而阅读能提升我们对这些人的遭遇感同身受的能力。也许回到现实生活中后，我们就能够更好地理解他人的行为。"[9] 或者说得再简单点，正如电影《公民凯恩》(Citizen Kane) 开场那位愤怒的新闻制片人叫嚣的那样："弄清楚什么能让人动起来，没有什么比这更好的了。"因为弄清楚之后，你就可以预测何时展开，何时维持，何时结束，何时后撤躲避。

所以，只知道万达极度渴望有男朋友还不够，我们还必须了解这背后的原因，还要知道她必须处理好什么问题才能成功。她不可能某天早上一觉醒来莫名其妙地觉得自己没有伴侣活不下去。请不要跟我说："可是我朋友苏珊真的就是这样的啊。"记住，生活能含糊过去的事情，故事却不能。请相信我，苏珊这样子其实也是有原因的，只是她可能没有意识到而已。这一点至关重要，对此我要敲敲桌子划重点：没有人做事毫无缘由，只是他们可能没有意识到其中的缘由而已。没有什么无中生有，没有什么事"就是这样，没有理由"，故事中的事尤其如此。故事的全部意义正是为了探索"为什么这样"，探索其中潜藏的问题，比如现实生活中我们亲爱的老朋友苏珊从未透露过却一直挣扎彷徨的那个问题。否则，我们读者怎么能从中获得指引，更好地过自己的生活？

由此可见，主人公真正的目标，即使是由一件随意的外部事件触发的,也必定是日积月累、长久酝酿的结果,尽管在那一刻之前他可能完全没有意识到。这是因为他的渴望源自触发事件在他内心的意义,而不只是因为这件事给他带来的某种外在影响。主人公想要那一百万美元,不只是因为拿到钱可以冲出去买下所有那些花哨的东西,更重要的是,他一直坚信,拥有万贯家财才能证明自己是一个真正的男人。当然,这个想法他不会对任何人承认,包括他自己。然而,这个想法却是驱动他所有行为的真正动因。我们可以用主人公的欲望之源来回答演员们经常问到的那个问题:"我的动机是什么?"故事的核心不在于发生了什么,而在于那些发生的事件对于主人公意味着什么。

◎ 案例研究:《生活多美好》

我们来看一部电影,一部深受欢迎也很难闭口不提的电影:《生活多美好》(*It's a Wonderful Life*)。主人公乔治·贝利的目标从一开始就很明确:离开家乡贝德福德郡。为什么要离开?因为就像乔治对他父亲说的那样,一想到自己要一辈子束缚在一张老旧的办公桌前,他就难受得要命。他想做有意义的大事业,能让人们记住他的大事。换言之,他把留在家乡小镇等同于一种失败的人生,也就是说,如果留在家乡,无论怎样,他都不可能获得成功——这就是他为之挣扎奋斗的内在问题。这也是驱使他离开小镇的强大动力。这一情绪隐藏在他所做的每一件事背后。每当有什么东西阻碍了逃离时,他都会为此而挣扎。

同样的道理,乔治没能离开贝德福德郡也不是因为外部事件落到了他头上，不是因为他父亲逝世，不是因为他弟弟哈利不太想接手贝利建筑信贷公司，不是因为银行挤兑。真正阻碍乔治离开的原因也是内在的：他的正直善良。他不能离开，因为虽然他很想走，但他知道很多人需要他。因此，他对这些事件的种种外在反应，背后的动因是他内心的挣扎，迫使他选择留下来。注意，所有这一切都基于我们之前学的神经系统科学知识：大脑的构造决定了人总是社会化地思考问题。外部事件并不是乔治各种行为的动因，而是他对别人的责任感和他的自我认知。

乔治获得的最大回报当然也是内在的。所以，乔治对外在的困难并不十分在意，即使除了波特这个失意不得志的怪老头之外，没人知道那八千美元是怎么丢失的，即使没人为乔治作证，证明他没有挪用那笔款项。想想看：在影片的结尾，大家都认为乔治也许真的偷了那笔钱，把它埋在了贝利庄园。问题是，这已经不重要了，因为与乔治得到的真正回报相比，在故事情节的层面上洗刷他的冤屈就不值一提了。他的真正回报是：他心里清楚，他所做的种种妥协并没有剥夺他想要的生活——事实上，乔治在反思过程中发现，其实正是这些妥协给了他想要的生活。更重要的是，乔治的顿悟发生在大家聚到他家门口准备把他保释出来之前，这就意味着即使那个晚上大家要抓他进监狱，他也会心满意足地离开。

但是大家没有这样做，因为其他人物以同样的方式回应他，他们给乔治的真正礼物也是内在的。当然，在故事情节层面上，他们给他送来了钱，让他免于牢狱之灾。但他们真正给予他的，是无条件的爱——虽然这话听起来有点腻歪。他一辈子行事正直，毫无怨言。而当大家都以为他被打得爬不起来的时候，小镇上的所有人也是这般待他的。正如比利叔叔告诉乔治的那样，在玛丽透露出乔治遇上了麻烦时，没有人打听究竟发生了什么事，他们都急着掏钱，提供切实的帮助。事实上，没有人问过乔治那笔钱是怎么回事，因为那不是故事的重点。重点是乔治的朋友和家人一直陪着他，不管他有没有占用那笔钱。

正如普鲁斯特所言："真正的发现之旅不在于看到新的风景，而在于拥有全新的视角。"乔治·贝利的故事正好印证了这一说法：他以全新的视角回望人生，结果发现了与自己原来的期待完全不同的东西。这时他就发现了一个故事主人公通常都会发现的现象：他的外在目标与他的内在目标一直互相矛盾。

◎ 达到内在目标之后，回望外在目标

很多时候，主人公的外在目标会随着故事的进展而发生改变（实际上，外在目标的改变通常正是读者的期待）。还记得斯嘉丽的例子吗？在《生活多美好》这部影片中，主人公的内在目标是为世界作大贡献，他的外在目标是走出贝德福德郡，去建造桥梁、摩天大楼，"干大事"。他相信这些目标是同一个目标。接着，影片叙述了他的外在目标如何屡次受挫，他非但没能干大事，还总是在做正义的小事。到最后，他恰恰通过这样的小事达到了自己的内在目标，对许多人的生活做出了重大的贡献，他渐渐地领悟到，其实他也完成了自己的外在目标。他的确做了一番大事业，这个事业比建造摩天大楼更重要，影响更持久。就这样，通过实现内在目标，他得以重新定义外在目标，而且欣喜地发现，他已经实现了外在目标。

可是在这之前,乔治一直觉得只有通过实现外在目标才能达成内在目标。但是现实生活清楚地表明,事情往往不是这样的。我们很多人会想,要是体重能减十磅○(外在目标),那人生就完美了,心情就愉悦了(内在目标)。以为这是买一送一的交易(实现外在目标就自然达成了内在目标),所以我们努力减掉了十磅(也许没用束带,没有缩胃或吸脂,但过程同样艰难)。但这时我们会发现,人生依然不完美,心情甚至更糟了,胖的时候我们至少还可以想象一下变瘦的感觉多么美好。而当我们瘦下来的时候才明白,自己原来的预想是个谬误,才开始思考我们究竟需要什么才会感到幸福。先明确主人公的内在目标和外在目标,然后将两者对立起来,这样你就可以同时点燃内在冲突和外在紧张关系,进而推动整个叙事的发展。

◎ 真正的问题:主人公最大的敌人是她自己

主人公为了实现外在目标而必须克服的困难往往显而易见,就是那些由故事情节发展引起的、阻碍她成功的外在障碍。那内在目标是什么呢?通往内在目标的道路上会有什么阻碍?按就近原则,答案就是"内在障碍"——通常就是长期存在的情感和心理障碍,这些障碍会对她产生永久的消极影响。内在障碍也就是主人公的内在问题,它可能是一种恐惧,每次准备跨越障碍时,都有一个声音悄悄在她耳边响起:"你知道你在干什么吗?"随着跨越障碍的难度加大,这个声音变得越来越有说服力,致使主人公最终停下了脚步。只要脑海里那个恐惧的声音还在,她就没办法跨越这最后一道

○ 1磅 = 0.45千克。

障碍物。在现实生活中遇到这种情况时,你完全可以服下一粒百忧解,等难题自行消失,但在故事中她必须用老套的方式来解决:保持冷静,迎难而上。

要设置这些内在障碍,先要自问:主人公为什么害怕?说得具体一点,她是因为惧怕什么而不能实现目标?我想现在你应该知道答案不太可能是"她怕失去真爱""怕破产"或者"怕死",虽然从故事情节上看这些的确是她害怕的东西。事实上,这些是我们所有人都害怕的东西,因此,它们是笼统的、宽泛的表述,没有透露任何我们不知道的信息。所以说,虽然这是个好的开端,但也只是开了个头而已。

主人公的恐惧与她的目标一样,既源自生活经历,也会受到生活经历的影响。这一点我们将在下一章深入探讨,现在来看看最明显的恐惧:对死亡的恐惧。如果你此刻在想"算了吧,这还需要解释吗?"那也无可指责。怕死的确是人之常情,我们不需要"学习"什么道理,就知道"驾鹤西去"绝不是我们希望出现在日程表里的事项。

这一点姑且不论,因为它不是问题所在,真正的问题是:死亡在这个节骨眼上对于主人公意味着什么?例如,谁正需要她而她却要弃之而去?她曾在母亲墓前发誓要做到的事哪些将无法完成?她有哪些无法兑现的承诺?她想活到天亮,是为了澄清哪些错误?回答了这些问题,你才能知道死亡对于主人公来说意味着什么。

说来说去又回到了这个问题:这些事件对主人公有什么意义?她的真正目标是什么?明白了这一点,你才能确立属于主人公个人的具体目标,而不仅仅是一个人人都有的肤浅的目标。

那为什么创作者们总是把这种一般性的难题抛给主人公？往往是因为他们被一个关于故事叙述的"神话"所蒙蔽，这点很可惜。

神话：增加外在问题必然增强故事的戏剧性
现实：只有添加主人公因克服内在问题而必须面对的难题才能增强戏剧性

外在问题增强戏剧性这一"神话"在故事创作领域为害甚久，无数个版本的"英雄之旅"故事结构模型又在无意中延续了这一神话，这种模型要求在故事特定的点上安排一些外部事件。结果创作者们都尽力打造外部事件，编排故事情节，而不注意描写这些事件对主人公内心成长的影响。由外部世界入手，创作者们在主人公前进的道路上设置巨大的障碍，但他们这样做只是因为"时机"到了，而不是因为这些设定是推动剧情发展的一个有机组成部分，迫使主人公面对其内在问题。因此，这些戏剧性的事件并非由故事本身自然产生，而是由常规的故事结构公式生成的。

你要确保主人公面对的一切内在和外在的情况（从故事第一页开始）都源于她需要解决的特定问题。清楚了这一点，你才能避开一个常见的陷阱：总是用类型化的"逆境"来设立主人公的目标。

我读过无数这样的手稿：开篇似乎很诱人，主人公面临生活剧变，比如，女子被丈夫无情抛弃，开车上班时突发地震，没找到返回游轮的码头，结果被困在委内瑞拉，除了身上穿的比基尼和拖鞋之外一无所有。这些都挺好，可问题是创作者把主人公置于危险境地,好像只是为了看看接下来会发生什么事。因为主人公并没有长期接受考验的需求,所以她的"目标"无非就是脱离当前不小心落入的陷阱。这样的话,焦点仍然在问题上,而不在主人公身上。事情是发生了,但它们对主人公的影响仅限于表面。除了尽快脱离当前处境这一明显的一维的需求,我们不知道她有哪些其他特定的渴望、恐惧、需求,因此我们也就无法预料她会做出什么具体反应,只能空泛地推测为任何人都会有的反应。众所周知,这样做十分无聊。因为我们都很清楚"任何人"可能会有哪些反应,如果故事这么简单,那还会有悬念吗?我们期望从故事中得到自己不知道的东西。所以说,我们并不关心"任何人"可能会有哪些反应,但我们热切地关注着主人公会做什么——只要我们清楚她为什么这样做。

理解主人公的具体目标和恐惧对她有什么意义,可以指导你编排具体的情节。以刚才那个主人公被丈夫抛弃的手稿为例,故事是这样的:丈夫意外出走,妻子德布茫然失措,不过她决定打起精神,继续自己的生活,不做任何抱怨(这样太糟糕了,因为一点尖刻的牢骚至少可以给我们提供一些线索,了解他们的婚姻状况、她的为人、她可能出现的个人问题等)。麻烦的是,因为没有叙述导致她婚姻破裂的真正问题,所以德布似乎适应得太好了,以至于让人觉得这个故事有些无趣。而事实上,她的平静会让读者立刻产生两个疑问:里克为什么离开她?当初她为什么会嫁给这样一个负心汉?有意思的是,表面的平静反倒暗示着德布不是像她表现出来的那样,可是由于没有后续的发展,所以只能照表面理解:这就是个情节安排。那是不是意味着德布的故事就该整个放弃?倒也未必。让我们自己来试着拓展一下德布的困境。

◎ 故事：德布的不幸婚姻

第一站，德布不幸婚姻的幕后故事（这一点将在下一章进行更深入的讨论）。假设德布一直坚守不幸婚姻是因为她没有勇气承认（甚至对自己都不承认）自己不能独立维持生活，害怕独立生活，那么德布的目标就不是简单地走出一个困境，而应该是克服某个先于目前困境而存在的难题（即使不是导致目前困境的难题）。现在我们将前提扩展为：德布丈夫离家出走，她被迫审视自己能否完全独立地维持现有的生活，而这正是她一直以来最害怕的事情。这就是个更大也更吸引人的问题，它打开了一扇门，引入了一连串值得探讨的问题：

- 什么原因导致德布害怕自己不能独立生活？
- 是不是出于同样的恐惧使她当初嫁给里克？
- 她对生活满意吗？
- 当初与里克结婚是不是一种逃避方式，不想证明自己能独立生活？
- 德布的恐惧心理会不会让她具有一种受压制的攻击性？这样看来，里克的行为其实不像乍看上去那么恶劣？
- 会不会正是因为德布每天自怨自艾，转移了她的注意力，使她不用面对自己最大的恐惧，所以她才能一直固守着失败的婚姻？

你会为了寻找这些问题的答案而继续读下去吗？

不过且慢，我们现在已经理清了德布的目标和恐惧及其源头，那么怎样让这些信息出现在第一页？我们不会总是以"德布，1967

年出生在一个小村庄……"之类的话开头。记住，我们不是要在第一页向读者交代德布与其心理困境的所有细节，我们要做的是尽力暗示有许多可供发掘的内容。我们的目的是要让读者觉得自己了解主人公，而且对主人公的遭遇感兴趣，想要看主人公后来会发生什么事情。这就意味着我们还要尽快做到两点：第一，预示事情将发生重大变化；第二，暗示事情并不完全像表面看起来那样。那我们就试试看：

> 德布把鼓鼓的杂物袋换到另一只手上，拿出钥匙，插进锁孔，然后尽力打起精神来。倒不是说里克以前动手打过她，要是真有这么恶劣，那她早就走了。六点了，她知道他应该已经到家了。电视机开着，而他会对德布完全熟视无睹，让她觉得自己仿佛迎风行走。她心里默念"我恨他"，又为自己仍然加快的脉搏感到恼怒。又是枯燥乏味的一天，买东西，清理房间，装模作样地健身。她突然意识到，早上里克沉着脸去上班之后，自己一直没有知觉，直到这一刻。有车开出车道的声音。有烂叶子的气味，叶子自入秋以来就堆积在前院角落一块防水布下慢慢腐烂。她叹了口气，转动钥匙，指尖感觉到了轻微的弹动。门一下开了，她踏入一片沉寂之中。屋子空荡荡的。里克不在家。没有家具。什么都没有，只有一个普通的白色信封竖立在壁炉架上，上面是她的名字，字迹清晰。

看得出来字里行间植入了关于德布婚姻的幕后背景信息吗？比如这句话："倒不是说里克以前动手打过她，要是真有这么恶劣，那她早就走了。"它告诉我们，德布认为里克一直对她不好，但又觉得只要没有动手打人，就还可以忍受（说明德布是个理性克制的人）。"买东西，清理房间，装模作样地健身"这几个短语告诉我们，健身并没有给德布带来好处——也许里克根本就没注意到她在健身。"她心里默念'我恨他'，又为自己仍然加快的脉搏感到恼怒。"这句要表达的意思很明显，同时又含混模糊，足以引发我们的思考。这种情绪在后一句（"她突然意识到，早上里克沉着脸去上班之后，自己一直没有知觉，直到这一刻。"）得到呼应，同时又透露出里克的形象（可以说是在德布眼中克里的形象）。接下来提到德布听到的声音和闻到的气味，这两个细节并非随机的无意义的感官描述，其实它们都有明确的潜台词："有车开出车道的声音。"（我们接下来就发现里克离开了她，也许开车的人就是克里？）"叶子自入秋以来就堆积在前院角落一块防水布下慢慢腐烂。"（就像眼睁睁地看着德布和里克的婚姻慢慢变质）。最后要注意的是，如第三章所述，虽然这个故事是第三人称叙事，但很明显我们读者置身于德布的脑海中，从她的视角来看待故事中的一切。

这样的话，德布的故事就很清楚了：一个内心矛盾的女人，失去了丈夫的欢心，他很可能正另觅新欢。也许事情并不是这样？因为到目前为止，我们所得到的都是德布这边的信息。里克那边的情况怎么样呢？德布对里克的实际动机产生的根本性误解是否就是她需要克服的问题之一？

◎ 相关案例：《沧桑的心》

故事的基础往往建立在这样的误解之上。比如上面讲的那个故事,德布会误解里克就是因为她不善于解读别人的想法,只能根据自己对世界的理解,接收镜像神经元反馈的信息,总是按"如果自己这样表达会是什么意思"来理解里克的反应。其实我们都是这样的。有人说了什么听起来伤人的话,或者做了什么看起来伤人的事,我们就感觉受到了伤害。但有时那听起来伤人的话,其实与主人公理解的意思完全相反,而这却触发了故事情节的转折。

詹妮·纳什(Jennie Nash)极具洞察力的小说《沧桑的心》(*The Threatbare Heart*)正好展现了这样一个自然的误解。主人公莉莉和汤姆结婚已经超过 25 年了。多年来,这段婚姻始终很美满,所以莉莉一直觉得自己完全了解汤姆,也坚信他们之间的关系牢不可破。然而,当故事进展到第 5 页时,本来幸福、无忧无虑的莉莉决定壮着胆子吃一次巧克力,即便她十分清楚吃巧克力会引发她偏头痛的老毛病。看到她要吃巧克力,汤姆质问她在做什么。莉莉跟他说不用担心,即使头疼发作,她也会自行应对。汤姆很生气,明确地告诉她:头疼是他的问题,而且一直都是。说完,他就怒气冲冲地出去了,留下她呆坐在那里。突然间,她不能确定自己是否真的了解他,她的世界似乎也变得更危险了。此时读者也能感受到莉莉的不安,这种不安的情绪大概持续了 4 页。到第 9 页的时候,汤姆对这些事进行了反思:

> 莉莉的头痛是他已经处理多年的老毛病,他一直毫无怨言。可是最近几次发作让他感到格外恐惧。他也曾想过,万一莉莉的病情持续恶化,严重到她无法承受的程度,他该怎么办。这不禁让他想到她的死亡,想到自己孤独的生活。他觉得,他无法忍受这样的状况。[10]

这个案例清楚地表明，事件背后的原因会使事件表面的意义发生 180 度的转变（而这正是读者渴望读到的信息）。导致汤姆情绪爆发的真正原因，与其行为表面上的原因正好相反。汤姆气恼的并不是莉莉要吃巧克力，而是无法忍受任何可能导致他失去莉莉的行为（包括她自己的行为），因为他深爱着她。矛盾的是，汤姆其实和莉莉原本以为的一样爱着她，但现在莉莉却变得不再那么笃信，汤姆的愤怒情绪动摇了她的信念。她不再确信丈夫有多么爱她，可是我们读者知道。所以后来她一直很困惑，而我们读者则能对比我们所了解的汤姆以及他对莉莉的爱，衡量她在内心斗争中取得的进展。我们能做到这一点，完全是因为我们不仅清楚莉莉的目标，也了解汤姆的目标。

正是这种既见其希望又知其恐惧的感觉，才使故事具有如此强烈的吸引力，超越了单纯的娱乐。别人想从我们这里得到什么，难以了解。我们真正想要什么，也很难说明白（当然不是"想要再来一块咸焦糖巧克力糖"之类的）。故事不仅锻炼了我们体察他人行事动机的能力，而且还培养了我们明确自身欲求的洞察力。

第四章　自查要点

- **你知道故事主人公想要什么吗？** 她最渴望的是什么？她有什么动机？她安身立命的基础是什么？
- **你知道故事主人公为什么想要这个东西吗？** 达到目标对他来说有什么特定的意义？你知道原因吗？换言之，

他的内在动机是什么？

- **你知道主人公的外在目标是什么吗？** 他的欲望将他推向什么特定的目标？不要简单地把他置于一个宽泛的"逆境"，记住，实现外在目标是为了满足一个长期存在的需求或压制已久的渴望，这个目标必须能迫使他在实现目标过程中直面某种根深蒂固的恐惧。

- **你知道主人公的内在目标是什么吗？** 方法之一就是问问自己：外在目标的实现对她来说有什么意义？在她看来，实现目标对她的自我认同会有什么影响？在她看来，实现目标能证明她什么能力、素质或状况？她的想法正确吗？或者说，她的内在目标和外在目标互相矛盾吗？

- **主人公的目标有没有迫使她直面一个长久存在的具体问题或特定恐惧？** 实现目标必须直面内心深藏的什么恐惧？他将不得不质疑什么根深蒂固的信念？什么事情是她有生以来一直在逃避，而现在不得不要么勇敢地正视，要么举白旗投降的？

第五章
挖掘主人公的内在问题

认知秘密：
我们看到的不是真实的世界，而是我们愿意相信的世界。
创作秘诀：
必须精准把握主人公世界观发生错位的时机和原因。

"我的人生充满了可怕的不幸,不过大部分不幸都没有发生。"

——米歇尔·德·蒙田(Michel de Montaigne)

五岁时，我曾闭上眼睛，非常努力地思考自己是不是隐身了。我看不到任何东西，那别人又怎么能看到我呢？于是我得出结论：没错，我真的消失不见了。这个结论完全说得通，而且还是个激动人心的发现。我觉得自己很聪明。因为正如自称"犯错家"的新闻记者凯瑟琳·舒尔茨（Kathryn Schulz）在其大作《我们为什么会犯错》(*Being Wrong*)中指出的那样，做错的感觉与做对的感觉几乎是一样的。我花了几天时间谋划如何蒙着眼睛穿过厨房而不撞到任何东西，最好还能偷偷顺走一些饼干。计划如期施行，不过结果是我听到妈妈质问我："你为什么把手伸进饼干罐里？"这句话让我睁开了眼睛——也让我打开了"心眼"。

做错事会改变我们看待世界的方式，或让我们看到原来看不到的世界。我们经常犯错，部分是因为我们为了生存天然就会对所见所闻做出自己的判断，而我们的判断可能并没有事实依据，因为我们没有掌握全部的事实，甚至根本一无所知。另外，部分原因是，往往统管我们世界观的是我们的内隐信念，而内隐信念主要源自我们的潜意识。[1]因此，犯错通常不是我们的问题，这话也许是无济于事的自我安慰,但事实的确如此,至少在别人骂我们"你看你干的好事"的时候是这样的。其实,大多数时候,我们根本不知道自己在干什么。根据神经心理学家贾斯汀·巴瑞特(Justin Barrett)的研究,我们的内隐信念(或者叫"非思考性"信念)是我们的默认模式,它一直在幕后塑造记忆和体验。[2]

因此,一旦形成错误的内隐信念(如,"人做任何事都是为了自己,所以别人对你越好就越会算计你"),我们就会错误地解读任何发生在自己身上的事。"这里的人都表现得很和善,那我得提防着点。"可怕的是,我们甚至不知道自己有这样的想法,直到出现一些情况证明我们错了,我们的内隐信念才突然间跳了出来,进入意识之中。这时我们就必须应对,要么做出改变,要么尽力地找个理由为自己辩解。[3]

故事往往就从这一刻开始的,主人公长期持有的信念即将受到质疑。有时这个信念是挡在她前面的障碍,让她无法获得想要的东西;有时是妨碍她做出正确选择的干扰因素;有时是为了及时走出困境而不得不应对的难题。但不管是什么,正是她与这个"内在问题"的斗争,推动着故事的发展。事实上,通过对情节本身的巧妙建构,故事将有条不紊地把主人公逼入绝境,使她别无选择,只能勇敢面对,否则就得卷铺盖回家。情节的发展无情地威逼利诱着主人公,让她不得不重新审视自己的过去,这时她对过去的观感就完全不一样了。同样地,当下的生活不停地促使我们重新评估过去的自我,因此过去的"事件获得了新的情感分量……(过去的)事实也具有了新的意义"。[4]或者正如 T.S. 艾略特所言:"我们探险的目标是回到出发地,重新了解这个地方。"[5]

这就给我们带来了一个难题：想写个故事，该从哪里开始？不是"从头写起"，不是"从第一页写起"，也不是"从坐到书桌前那一刻开始"。远在你那无辜可怜的主人公出现在第一页之前，故事就已经在酝酿之中。故事创作的最佳起点，应该是确定主人公第一次被内在问题困扰的时刻，从那时起，这个问题就一直在影响她的世界观。

因此，我们将在本章探讨创作者们经常回避的问题，即在讲故事之前先深入了解故事中的人物。为此，我们将探讨制定故事提纲的种种好处及其微不足道的缺点（是否可以将其作为反对叙事者主观评论的一个很好的例子）；分析为什么写焦点人物的传记很重要（令人高兴的是，人物传记往往会自动生成提纲）；讨论为什么面面俱到的人物传记反而比不写传记的危害更大。接下来，为了不掉入概念术语的迷宫之中，我们将借用一个例子来说明它是如何实现的。

◎ 如果东西没坏，就无从修起

故事要讲的是人们如何解决自己无法逃避的问题，这听起来好像是基本常识，可是为什么创作者们经常在不知道主人公有什么问题的情况下就动笔呢？常见的原因是，他们希望如果自己开始提笔写，主人公的问题自然就会清晰明确。可是如果不知道什么东西坏了，又怎么能写出一个故事，讲如何修理这个东西？难怪创作者们收到的第二常见的编者按语是"为什么从这个时候开始"（最常见的是"这个故事到底在讲什么"），即这个故事为什么从这个时间点开始写起,而不是从昨天、明天或柏莎阿姨打完牌回来的时候开始写起?

有意思的是,那些发誓说先列提纲或写人物传记会压制创作灵感的创作者,往往会从主人公的世界观发生错位、新的渴望开始萌芽的那一刻开始写起,而这个节点正是创作者应该在后面的故事情节发展中深入挖掘的一个点。创作者们没有意识到的是,故事的起点远在这个节点之后,故事的开端应该是这样一个时刻:潜伏已久的矛盾最终不可调和,主人公别无选择,只能采取行动。动画片《变形金刚:猛兽侠》(*The Transformers: Beast Machines*)中圣贤对擎天柱说的一句话很好地概括了这一创作理念:"未来的种子埋藏在过去。"

这是否意味着一定要先列出故事大纲呢?好像是这样的,不过任何事情都是相对的,故事创作也不例外。

◎ 要不要列故事提纲

许多成功的作家很确信地说,他们写故事都是直接从第一页开始写起,不做任何准备工作,对故事情节走向也只有一丁点模糊的概念。在他们看来,创作的乐趣就是边写边探索故事情节,如果事先安排好了一切,创作的激情就没了,实际写出的东西就会让人觉得冗长乏味。

比如,有个关于伊迪斯·华顿的传说(很可能是杜撰的),说她刚写完的小说手稿毁于火灾,于是她就对编辑说,因为自己已经知道结局了所以无法再重写。在这一点上,罗伯特·弗罗斯特(Robert Frost)表示赞同:"作者没有惊喜,读者就没有惊喜。"

罗伯特·B. 帕克（Robert B. Parker）也持相同观点，他说自己开始写作的时候根本不清楚故事将朝什么方向发展。

再看另一派，其中包括凯瑟琳·安·波特（Katherine Anne Porter）等人，他们奉行的理念和华顿女士的观念截然相反："还不知道故事的结局，我就不会下笔。"丹尼尔·汉德勒（Daniel Handler，又名雷蒙·斯尼奇）则更认定："列提纲是故事创作的关键一环……说不列提纲的作家都是骗子。"

是不是各有各的理呢？或者说应该由每位创作者自己决定是否把列提纲当作故事创作的一个环节？有可能。不过，我们还可以换个角度看待这个问题。有些幸运儿天生具有一种"故事感"，就像有些人天生拥有"绝对音感"一样。有些人能把一堆衣物整理得井井有条，而你整理几双袜子都叫苦连天。如果你属于前者，那么我下面讲的你可以不听，运用你的天赋，走向成功吧！然而，大多数创作者（大多数成功的创作者）都有必要在开始写第一页之前琢磨一番主人公的过去（有的人是得到教训之后重写第一页）。这样做尤其可以避开下面两个陷阱：

1. 没有先列提纲写出来的故事存在一个普遍问题，即故事没有被完整建构起来。怎么建构得起来呢？如果没有考虑主人公内在问题与其长期渴望之间的冲突，事先策划好情节发展的最终结果，整个故事就会显得漫无目的，从一个场景绕到另一个场景，不知道最终走向何方。因此，当创作者开始修订故事时，会发现好像某个伏笔要出现在第二页。修订过来之后，又发现因为此处做了改动，后面的故事情节全都变得毫无意义。这就变成了我们讲的"首页重写"，也就相当于重新写个故事。

  2. 许多创作者会说："唉，没什么大不了的，我知道要修改的，不都说修改是创作过程的一个重要环节吗？"话虽这么说，但是现在的问题更大。承认第一稿毫无意义，这是极其难受的事情，属于我们讲过的那种难以承受的错误。对于这样的错误，我们都想找理由辩解，使之合理化。因此，在写作新素材时，创作者们首先会考虑如何使之适应已经存在的内容，因为我们会下意识地忠实于已经写出来的内容而不是故事本身。这样的"新稿件"往往向后退了一大步，还不如旧稿——旧稿平淡之处，新稿依然平淡，而且整体还变得更不连贯了。

  有没有觉得的确有必要试着先列个故事提纲？好的。不过，不要以为故事提纲就是那种以罗马数字开头的死板的条条框框，或者那种没完没了的"人物特征问卷"统一表格。我可以向你保证，列提纲也可以是一个运用创造力和直觉，能激发创作灵感的过程，而且这个过程要花的时间比你想的短得多。我们一起来看看为什么。

神话：只有列出完整的人物传记，你才能了解所写人物
现实：人物传记应该只聚焦于与故事相关的信息

  在掌握故事人物信息的过程中，一定会碰到"信息过多"的问题。我们这里说的不是过于个性化的细节。在故事中，过于个性化其实是件好事，但缺乏相关性就不是好事了。然而常有人说，创作者为了真正了解自己所写的人物，必须整理出一份比故事本身还长的详尽的人物特征问卷，回答下列这类问题（这可不是我编的哦）：

- 他喜不喜欢自己的中间名？
- 如果让她在后院晒日光浴，那要让她躺在什么样的毛巾上？
- 她对房间有没有偏好？
- 什么颜色能激起她的回忆？
- 他有没有胎记？
- 他有没有成套的瓷器？
- 如果他有个胎记，会不会刚好是某个国家版图的形状？（好吧，这个是我编的。）
- 他对安乐死有什么看法？

虽然这些问题的答案或许真的很有趣，但它们可能和你要写的故事没有任何关系。一篇从出生写到现在的个人传记也可以这么写，但是故事不一样，写故事的关键在于滤除此类个人传记中随处可见的非必要信息。过长的人物传记面面俱到，结果反而模糊了你要寻找的信息。其中的"奥秘"在这里：你要寻找的信息必须和你所讲的故事有关。如果故事讲的是一个问题，那么你要寻找的信息就是这个问题的根源，而问题本身应该从第一页开始详述。也就是说，假如贝蒂是位竖琴弹奏名家，但是这一信息与所讲的故事无关，也不会对它产生影响，那你就没有必要提及她勤学苦练的那段艰辛岁月。因为，如果要提到这个事实，你很可能要为这个事实该出现在故事中什么地方（其实它根本不应该出现）而绞尽脑汁，浪费时间，甚至为此设计一个次要情节，让贝蒂在员工假日派对上露一手。可是因为它和你所讲的故事没有任何关系，这些硬塞进去的情节会显得很突兀。更糟糕的是，竖琴问题并没有到此结束，它还会一直盘桓在读者的脑海里，让读者很纳闷："诶，弹竖琴那一段究竟要说明什么？"

因此，在编写主人公的个人传记时，你的目标是要确定两点：第一，故事开始之前发生了什么事件，以至于打碎了他的世界观，引发了其内在问题，导致他不能轻易达成目标；第二，他最初在哪个时间点上对目标产生了渴求。有时两者合二为一，是同一个事件。例如，在影片《生活多美好》(*It's a Wonderful Life*)中，这一揭示性的时刻是在乔治看着自己的父亲被波特打败的那一刻。这件事让乔治坚信，如果自己待在贝德福德郡就不可能成功（动摇了他的世界观），同时也诱发了乔治到外面的世界建功立业的渴望。故事的发展迫使他不断重新评估自己的世界观，直至他逐渐意识到他的世界观（以及他的外在目标）已经背离了自己的初衷。

虽然读者在许多故事中并不能真正看到这揭示性的一幕，但这一关键时刻常常暗含在主人公因世界观被打破而挣扎、奋斗的过程中。也许主人公并不提及这件事，仅仅通过他的行为暗示这件事的存在。所以，读者虽然看不到它，但是可以感觉到它的影响，因为你作为这个故事的创作者，非常清楚它的存在和意义，所以你可以将它融入主人公的所有行为之中。

因此在写主人公传记概要时，你要找到那些对后续情节发展有关键影响的时刻，然后追溯其触发的事件链条，最终确定一个特定的困境，你的故事就可以围绕着这个困境展开。如果你做到了这一步，但还是想给主人公写出一篇完整详尽的人物传记，那我还有什么资格阻止你呢？但我还是要提醒你，如果你不够细心，那么你罗列的那些有趣但与故事无关的细节可能会悄悄钻进你的故事之中。不过好消息是，运用本书讲的技巧，你完全可以把它们清理出去，不让它们扼杀你的故事。

接下来你又会发现，一旦写好了主要人物的传记概要，你就会迫不及待地深挖故事本身。当你寻找主人公过去的那些揭示性时刻时，心里要牢记这一目标，同时注意以下四点，会对你有所帮助。

◎ 人物传记概要写作准则

1. 务必牢记一个"不刻意提醒自己就会被遗忘"的老生常谈：故事讲的是某件处于变化之中的事。 事情以一种方式开始，以另一种方式结束——这就是所谓的"故事曲线"。故事本身在"事件开始之前"和"事件结束之后"的空间中展开。故事记录事情急速变化的那段激动人心的时期，给读者以事情可能朝任一方向发展的丰富想象。因此，在写主人公的传记概要时，你要找那个特定的"事件之前"，正是它引出了事情突然发生变化的时刻。这个"之前"会提供一些必要的信息，你可以将其融入你所讲述的故事中，这样读者就能明白主人公的现状从何而来。这么说吧，一只蝴蝶本身可能很美，可是它的有趣之处在于它原本是条毛毛虫。所以"之前"是读者衡量主人公向"之后"发展的标准。

2. 不要对深入挖掘人物内心深处感到不舒服。 不要因为害怕触碰隐私而退缩，深入了解他们的问题，这是你的职责所在，因为你要写的就是他们的问题。对他们提出与此相关的可能令人尴尬的问题——越私密越好。既要找出好的方面，也要找出不好的方面，尤其是丑陋的、混乱的一面，挖出他们保留的秘密。不要设限。不要忽视他们的缺点，相反，你要将缺点逐一罗列，放在高倍显微镜下，根据人物的内在问题和目标进行细致的审查。你的目标是把他们变成有血有肉的人物，和我们现实生活中的人一样，一直在竭力应对重重困难。故事的本质在于揭示现实生活中不能大声说出来的状况。因此，尽管感觉比较残忍，在探索人物的过去时，你也不能有丝毫仁慈，不能让他们保留任何隐私。没错，他们可能会抗议，可能会躲躲藏藏，甚至会对你撒谎。但是，如果你允许他们有所保留，允许他们回避，那最终故事将失去真实性。不要自欺欺人，读者会看出来的。我们读者可是有经验的，既然我们会自动地运用默认知识库去理解他人（无论是现实中的还是虚构故事中的人），那么我们在开始阅读你的故事时就非常清楚你应该把我们带到哪里去。[6] 正因为我们知道自己想要什么，所以当初才选了你这本书，要是你转移方向，我们一下子就会发现，甚至会觉得故事索然无味，不如去看电视。

3. 不一定要写得漂亮。好消息是，写人物传记概要可以采取线性罗列的方式，这种方式简单直接，甚至古板乏味。你也可以采取跳跃式的写法，决定权完全在你。另外，你可以完全不管第一句能否抓人眼球，也不必担心里面是不是用了太多形容词，更不用担心写得漂亮不漂亮。你只需要关注它的内容，呈现内容的方式无关紧要。有意思的是，这样反而能写出一流的作品，也许是因为此时你脑海中那些吹毛求疵的声音暂时消失了，那是你想象中的编辑发出的声音，听起来特别像读二年级时说你真没用的老师。

4. 务必给每个主要人物编写简短的传记，虽然传记中的大部分内容不会出现在故事叙述中。这往往是整个过程中最重要的部分，因为它挖掘出了故事人物行为背后的动机，并且使其行为有意义。菲茨杰拉德的名言"人物即行为"说的就是这个意思——我们做的事情反映了我们是什么样的人。加扎尼加博士提醒我们："我们的行为往往反映出我们潜意识的直觉思维或信念。"[7]故事一般讲述主人公逐渐意识到导致他所作所为的真正原因，醒悟之时，他要么因为感觉自己比原先以为的更好而欣喜，要么因为感觉自己更糟糕而开始悔改。

◎ 扩展提纲：案例分析

现在该说的已经说完了，接下来该动手做一做了，制定一组互相交织的简短人物传记，看它们如何神奇地演化出一个含苞待放的故事大纲。

◎ 假设

大多数创作者会以一个假设作为开端，像"如果……会发生什么事呢"之类的句子。使你想到这个假设的引子可能是任何事情——发生在你生活中的某件事情，你看报纸时映入眼帘的某个事件，甚至是一厢情愿的白日梦。比如，你去看电影，扮演男主角的是一位牙齿有点过长（就是年纪太大了，他的牙齿甚至可能不是真牙）的男演员，而和他演对手戏的女演员才刚出完牙（就是年纪小得可以当他的孙女）。回家的路上你对此感到愤愤不平，为什么老夫少妻很平常而老妻少夫就像《哈洛与慕德》(*Harold and Maude*)那样怪异呢？

当然，要不是因为转眼就四十岁了，你是不会这么耿耿于怀的。更糟糕的是，你迷上了卡尔，就是影片中饰演主人公儿子的小伙子。即使只是想到他，你也会脸红。于是，你猛地发现，你只不过比卡尔大十三四岁，而剧中男女主角之间的年龄差距起码要翻倍，这不公平呀！但是，现实生活中的你对此无能为力，毕竟，想满足自己任性的欲望，要么是很遥远的梦想，要么得干违法犯罪的事情。那么，现在你就只有一个选择了：写个故事吧。

初步设想如下：一个快四十的女人，遇上了自己偷偷爱慕着的年轻男演员，两人疯狂地坠入爱河，接下来会发生什么样的故事呢？

别笑，这样的故事有可能发生，现在的问题是故事如何演绎。当然，我们要讲的不是跟踪、催眠、心灵感应，而是两情相悦。这就意味着我们得好好筹划一番。

◎ 问问自己"为什么"

表面上看，这个故事讲的是四十岁的女人如何获得二十六岁电影明星的爱情的故事。但这个故事真正讲述的是什么？换句话说，赢得这位电影明星的芳心对她来说意味着什么？她必须解决哪些内在问题才能大胆地去追求？要回答这些问题，我们还要钻研得更深入一些。那么，她的情感生活是怎么样的呢？我们可以给她安排一个男朋友，这位男朋友的性格可以向我们透露出她的内在问题。一个心地善良但性格沉闷并一直催着她结婚的未婚夫怎么样？她要是不喜欢他的话就有点说不过去了。为什么呢？因为他"安全"。这是不是说明她很不愿冒险？肯定是。那么这个故事真正讲述的就是一位女性如何克服对冒险的恐惧，在稳定舒适但平淡的未来和有激情但无保障的未来之间做出了自己的选择。

现在我们可以把这个假设（四十岁的女人能否赢得年轻男性的芳心）应用于故事主题：一个从来没有冒过险的人如果把小心谨慎（以及稳定舒适的生活）抛在脑后会怎么样？这个主题可以转化为：如果不去冒险认识未知的魔鬼，那你可能一辈子受制于你认识的魔鬼。我们把这一说法稍微提炼一下。我们是怎么谈论人的天性的？不妨把主题定为：当你鼓起勇气去冒险的时候，好事就会发生，即使不是你原来期盼的好事。好，现在我们知道这个世界会怎么对待她了。

那这就算完成人物传记概要和故事大纲了吗？还没有。怎么知道呢？好吧，闭上眼睛，你看到了什么？好像没看到什么，所以我们得进行另一项简易测试。

◎ 如何区分故事中的笼统与具体

不能勾勒出画面来的就是"一般"，能看到画面的就是"具体"。你必须能勾勒出画面，这一点我们将在第六章深入讨论。笼统的东西最多只是一种客观、中立的表述，再无更多助益；具体化的东西则能使表述个性化，赋予其背景与前瞻，使之形象生动。二者有天壤之别。

◎ 细节

我们还需要进一步挖掘。比如，有个女人，我们就叫她瑞伊吧，她的生活怎么样？她有没有孩子？事实上，她有一个女儿。那么瑞伊离婚了？那不行，可不能让她有个阴魂不散的前夫。那就说她是个寡妇吧。她有没有工作？没有。她丈夫汤姆给她留下了够她生活的遗产。等会儿，这些细节哪里看得出她的目标是什么？冲突在哪里？没有故事活力呀。我们找的不是静止不动的东西，我们寻找的是能动起来的圆球。如果她的内在问题是"不愿意冒险"，那她过去的哪些经历能让我们知道这一点？还有，究竟是什么触发了她错位的世界观？

看这样行不行：瑞伊想当画家，她妈妈是画家，瑞伊从小耳濡目染。大家对妈妈的画赞不绝口，这让小瑞伊很激动，但她没有注意到其实没人愿意买一幅。后来有一天，瑞伊无意中听到妈妈的好朋友和一个邻居在谈论她的画，她们说其实大家都觉得她妈妈画得不好看，只不过大家都碍于情面不想说出来。瑞伊替妈妈感到羞愧，同时觉得如果让妈妈知道了真相，妈妈肯定会崩溃。她发誓自己绝不能陷入这样的状况。因此，她从不向家人和朋友以外的任何人展示自己的作品。她觉得自己真的有天赋——至少她希望如此。这是使她坚持下去的动力。她担心如果她把自己的作品给行家看了，结果就会发现她所谓的天赋其实和她妈妈的一样：自欺欺人。尽管如此，她还是暗暗发誓，不用多久她就会向街边的艺术品商行展示自己的画作（这就出现了一个目标）。不过今天还不行。这个是她过去十年来的计划。怎么样？我们现在就构想到了这里。

让我们再回头看一下。我们知道瑞伊的内在问题是她对冒险的恐惧，因此，她藏在壁橱里的画作就证明了这种恐惧，并将这种恐惧确定为一种"已知（既定存在的）"条件。因为画作是具体的，所以读者认为这可能就是她要努力克服的东西（就是他们可预见的东西）。

接下来我们把视线转向瑞伊的女儿，就叫她克洛伊吧。为什么要写她？到目前为止还不清楚。与所有次要情节一样，我们要关注的问题是克洛伊的存在对故事主线会产生什么影响。能推动情节的发展吗？也许我们可以给克洛伊设计一个能映射瑞伊的次要情节。关于次要情节，我们将在第十一章深入讨论。就目前而言，我只简单地说一点：起镜像作用的次要情节并不会直接映射故事主线，原因很简单：这样做很多余、无聊。次要情节的作用在于揭示解决故事问题的其他可选择途径，这些替代方案通常是对主人公有利的——要么作为一个反面教材起警示作用，要么作为诱因触发改变。

那看这样如何：克洛伊十六岁，会吹萨克斯，而且吹得很好，被茱莉亚学院录取，享受全额奖学金。但是她们住在南卡罗来纳州查尔斯顿市（假设），离学院很远。这样瑞伊就有充分的理由认为克洛伊应该在家乡完成高中学业，不能跳过高三就直接到一个举目无亲的陌生城市去。另外，无论克洛伊的萨克斯吹得有多好，要是把它当作职业就没有任何保障，而且音乐家的生活太不稳定了。克洛伊自己当然很渴望去那里，那瑞伊愿不愿意让她去呢？

好的，我们已经有一面镜子在那里了。还有件事，也就是你挖掘主人公的背景时一直寻求的东西：当前的冲突，尤其是即将定时爆发的冲突。比如，克洛伊有一个星期的时间考虑是否接受茱莉亚学院的入学通知。很好，那么现在可以把球滚动起来。

瑞伊已故的丈夫汤姆应该是什么样的呢？她之前的婚姻关系会如何映射或预示她与卡尔的偶遇？我有这么一个想法：既然卡尔比瑞伊小很多，那为什么不让汤姆比瑞伊大很多呢？这个设想不错，这就意味着瑞伊知道在一段感情中双方年龄差距大并不是问题——虽然在这段婚姻中她作为更年轻的一方所承担的风险更低。

接下来该说说瑞伊遇到的阻力了。除了她的内在问题，挡在她前进道路上的障碍物具体是什么？先看看社会规范——那种充满鄙视意味的偏见。比如，看到小伙子挽着中年妇女，大家就觉得他肯定是想吃软饭，甚至把她看作浓妆艳抹、搔首弄姿的猎艳者。人们这种不言而喻的态度渗透到故事的每个角落，包括瑞伊的心灵。她在心里不停地问自己：大家会怎么说我？看看他们是怎么说我母亲的，那还只是谈论画作而已！

上述这些能构成瑞伊遇到的阻力吗？也许可以，但还不够，还是过于朦胧，太笼统。没错，社会阻力是可以通过一些人对瑞伊和卡尔的风言风语体现出来的，但这些仍然很抽象。当你读完闭上眼睛时，你什么都看不到。我们要找一个更具体的障碍，它能够在读者脑海中形成清晰的图像。瑞伊需要的是一个特定的状况，这一状况会因她与卡尔的关系而受到威胁。那我们就给她设计一个男朋友，比如，好心却倒霉的威尔，让他向瑞伊求婚。瑞伊也不知道自己为什么一直没有答应他的求婚。对克洛伊而言，威尔会是个好继父，他不会有外遇，也不会对她颐指气使。当然，传统上妻子要做的事情，他还是希望瑞伊能够做到。为什么他会有这样的期待呢？因为到现在为止，瑞伊一直表现得像一位传统女性。但是威尔不知道，他逼得越狠，瑞伊就越强烈地意识到还有其他的可能性等在门外，只是她从来没勇气打开这扇门。但是开门有风险，安稳的生活不正是大家都希望得到的吗？再说威尔这人也不坏。所以瑞伊承诺这周末给他答复。

好，现在两边的球都在滚动。

最后，卡尔那边的情况应该是什么样的呢？他有什么样的故事？他的目标是什么？他的内在问题是什么？先说故事：假设卡尔十五岁就成名了，一直在聚光灯下长大，两天之后他要接拍一部电影，这部电影可能把他从明星变成偶像巨星——大家都这么认为。可问题是，他开始感到财富和名气并不像众人说的那么诱人，他有点自我感伤。厌倦了走到哪儿都被人认出来的生活，他想从众人视线中消失几天，静下心来想想未来的生活。这就是目标，内在问题，也是第三个球。

好了，现在我们认识了故事中的主要角色。那我们可以开始了吗？我们先来做一个"大开眼界"的测试吧。闭上眼睛，你现在能看到东西吗？看不到。我们仍然置身幕后，处于黑暗之中。我们编排了人物，设计了缘由，但是还需要地点和方式，才能展开故事——没错，就是要解决"故事里会发生什么"的问题，也就是"情节"的问题。

◎ 构思情节

让我们再深挖一层，找到瑞伊和卡尔相遇的地点。让两个人都有一个珍视的地点，刚好又是同一个地方怎么样？好，可行，但我们得谨慎。他们有一个共同珍视的地方，这不能完全是巧合——也就是说，不能只是因为情节需要。我们要找一个"故事层面的原因"，在同一时间把他们拉到同一个地方。就这么办。

假设卡尔一家人以前每年夏天都会到南卡罗来纳州海边的一个偏僻小岛上租个房子度假怎么样？再假设这个岛是他在成名前最后一个能做"自己"的地方，怎么样？行，可以。

再说瑞伊自从第一次在银幕上看到卡尔时就对他心生爱慕，而那时卡尔还只是个小角色，还没有现在这么有名。所以，在报纸上看到卡尔一家过去在这座岛上度假的消息时，她就决定到那个小岛看看小屋是否依然在夏季出租。猜猜结果怎样？当然还可以租。因此，在过去的几年里，瑞伊、克洛伊和威尔都曾在那里避暑。那现在瑞伊和卡尔的个人历史中就有了一样共通的东西，它出于相同的原因把他们拉到同一个地方。

现在我们已经找到了合乎逻辑的地点，能让瑞伊和卡尔合理地碰面，那么现在该说说他们是如何碰面的了。我们不让很多人傻傻地盯着他们看，至少开始的时候不能出现这种情况。实际上最好还是要让他们能在独自一人的情况下碰到对方，相互认识。那我们就再把他们的情况梳理一遍，看能不能找到解决方案。

假设……那时正好是夏末。瑞伊有一个星期的时间考虑是否嫁给威尔，是否允许克洛伊去茱莉亚音乐学院求学。所以她决定让其他人先回去，自己独自留在岛上，思考这些抉择。她知道这样做有点冒险，岛上人迹罕至，而且进入9月，正是飓风多发季节。走了一辈子的安全路线，现在她决定冒一次险。

我们不是也给卡尔设了一个最后期限吗？他接了一部大片，不久后就要去摄制组报到，但是现在他和瑞伊一样，正在重新考虑自己的未来。他知道如果接下了这部电影，以后的生活会永远改变，因此他需要花时间冷静下来思考。他需要独自想想接下来该怎么做。记忆中最后一次开心度假的地方不就是最好的选择吗？对，那座小岛。毕竟，那里荒无人烟，偷偷溜进小时候住过的小屋不是很简单的事吗？

你看，两位主人公都开启了倒计时，知道这意味着什么吗？这意味着我们找到了故事的开端。两人站在各自"过去"的海岸上，凝视远方，试图看清"未来"的样子。我们的故事就来绘制连通两者的路径。

现在我们有了原因、地点、情节、时间和人物。闭上双眼，你能切实地看到故事在你面前铺展开来。这是不是那种详尽完备，在小学作文课上能得一颗金星的故事提纲？也许不是。但这个大纲能让你开始下笔了吗？这倒很有可能。我们的故事此刻稳稳地锚定在"之前"，之后要发生的故事，将按确定好的具体事件节点逐一铺开。这些即将到来的事件，迫使主人公正视自己内心深处的恐惧和渴望，不再逃避。在这个过程中，故事会越来越紧张，读者能够预测接下来可能发生的事。

我们一开始的假设是：当一个快四十岁的女人偶遇自己暗恋的年轻男演员，两人疯狂地坠入爱河时会发生什么？这个问题现在有答案吗？还没有。但我们知道了比这更重要的事。原来这个假设并不是故事要讲述的内容，故事真正要讲述的是瑞伊能否克服恐惧，大胆地向别人展示自己的画作，坦然地接受任何反馈和评论。故事讲述的是如何面对真实的自己，勇敢地承担后果。更不用提额外的收获了，其中之一也许就是找到了真爱——可以这么说吧。

这样我们就构建好了创作平台吗？是的。你看，列提纲并不会使创作失去活力。你不必完全确定故事最终的结局，但必须明确主人公在这个过程中要学会什么——也就是说，她在突然醒悟的那一刻意识到了什么？即便你写出了一个包含所有场景的详尽提纲又怎么样呢？正如第二章所述，在列提纲这方面其实并没有固定的模式。有时候你会发现，故事自己出人意料地转到了新的方向，而这正是写作的乐趣所在。更妙的是，也许你会发现，故事的新方向比原先设定的方向更合理。但是，写故事和生活中的其他事情一样，运气总是青睐有准备的人。

无论写什么故事，最好的准备就是清楚地了解故事主人公有什么样的世界观，关键的一点是，精准把握他的世界观发生错位的时机和原因。这样，你就能清晰地看到主人公眼中的世界，了解他会如何理解发生在自己身上的事情，清楚他会做何反应。做好了这些准备，你才能设计出相应的情节，迫使主人公重新评估他之前深信不疑的东西。这才是你的故事真正要讲的内容，也是读者不惜熬夜也要找到的答案。

第五章　自查要点

- 你是否清楚为什么故事从这一刻开始？是什么事情进入了倒计时？是什么迫使主人公不得不采取行动？
- 你有没有揭示主人公恐惧和渴望的根源？你是否知

道她的内在问题是什么？ 你能不能追根求源，找到过去某个具体的事件？你是否知道在故事开始之前她的内在问题是如何阻碍她的渴望的？

- **你有没有让故事中的人物向你透露他们最深层、最阴暗的秘密？** 我并不是好为人师，但是如果你让你笔下的人物对你有所隐瞒，那我们读者一定会看出来的。相信我。

- **你写的人物传记概要是否足够具体？** 闭上眼睛时，你能否在脑海里看到具体发生的事件？或者，它们是否仍然停留在抽象概念的阶段？如果你看不到具体发生的事件，那么就没有标准来衡量主人公追求目标的进度。没有"以前"就不可能有"以后"？

- **你是否知道这个故事的结局？** 不是说动笔写下第一个字的时候就得知道故事的最终结局（当然，先想好故事结局也是可以的）。但是，如果你对故事的结局毫无头绪，那你怎么让第一页文字为故事的后续发展做好铺垫？

第六章
故事须言之有物

认知秘密：
我们的思维不是抽象的，而是具体的。
创作秘诀：
在主人公实实在在的奋斗历程中，任何概念化的、抽象的、笼统的东西，都必须变成具体的事物。

"给那些想立即取得成功的年轻创作者一个建议：不要写'人类'的故事，要写就写某个具体的个人。"

——埃尔文·布鲁克斯·怀特（E. B. White）

且慢,你的意思我明白,但我不太赞同。因为有些人就是偏好抽象地思考问题,比如科学家、数学家以及像爱因斯坦这样聪明绝顶的人。他可不是通过看简·奥斯汀(Jane Austin)的小说才得出"$E=mc^2$"这样的公式的。没错,的确不是。小时候他曾幻想乘着一束光遨游太空,他是在回忆起儿时的幻想之后才得出这一成果的。那相对论呢?相对论也是借助想象得出来的,想象一个人跳入电梯井里有什么感觉,然后从口袋里掏出一枚硬币,试着让它掉下去——当然,前提是这个人没有先昏过去或者吐晕。爱因斯坦这样揭示自己的思维过程:"我的特殊能力不在于数学计算,而在于想象(visualizing)出各种效应、可能性和结果。"[1]

这话听来完全是对写故事的描述,其关键词就是"想象"。如果看不到,我们就感知不到。斯蒂芬·平克说:"想象驱动着情感和智慧。"同时他认为想象是"非常具体的"。[2]

抽象的理念、笼统的概述、概念化的观点很难吸引我们,因为我们看不到、感知不到这些东西,我们也无法体验它们,所以我们不得不有意识地把注意力集中到上面——即便这样，我们的大脑也兴奋不起来。我们经常觉得抽象概念极为枯燥无趣。迈克尔·加扎尼加说："……虽然抽象概念引起了大脑的注意，但它无法进入个体的意识层面。当你在聚精会神地阅读一篇关于弦论的文章时，虽然嘴巴在默念看到的文字，但是这些文字却无法进入你的意识层面，也许永远不会进入你的大脑。"[3]

另外，故事能将生硬枯燥的笼统概念具体化，让我们得以感知到它。还记得前面讲过的吗？生活中碰到任何事情，我们内心潜在的第一反应都是："它对我有没有危险？"并在此基础上评估事情的利弊。所以说，故事的全部要义在于将笼统的表述转化为具体的表述，这样我们就能明白它的真正含义，以防我们在现实生活中碰到类似的状况时会不知所措。

我们能了解它的唯一途径，就是看到它的存在。正如安东尼奥·达马西奥所言："意识是由图像组成的。"[4]神经科学家拉马钱德兰（V.S. Ramachandran）对此表示赞同："人类善于视觉想象。我们的大脑进化出了这一能力，我们能形成这个世界的心理图像或模型，可以在脑海里演练将要实施的行为，却不必承担现实世界中相应行为可能带来的风险和处罚。"[5]这些论述归结到一点，就是我经常讲的一句话：故事须言之有物。

然而创作者们经常通篇泛泛而谈，他们以为只凭概念就能吸引读者，甚至错误地认为创作者只要造好概念框架，填入细节内容就是读者的事。因此，本章将探讨笼统与具体之间的差异；讨论为什么创作者们常常遗忘故事的细节内容，在什么地方创作者们容易大意丢"球"，为什么细节太多和缺少细节一样糟糕；最后，我们要打破这个神话：感官细节总能让故事活起来。

◎ 笼统与具体

"2006年10月，全球近六千人死于飓风引发的洪灾。"

快，说说你读完这句话有什么感觉？我猜，这个问题可能会让你感到困惑。

那再想象一下，一阵巨浪正朝一个小男孩直冲过来，小男孩拼命抱住惊恐的妈妈。妈妈试图安慰小男孩，轻声对他说："没事，宝贝，妈妈在这里，我不会松手。"她感觉到孩子在暂时的平静中放松下来，可不一会儿巨浪就猛地将孩子从她的怀中冲走了。孩子的哭喊声盖过了毁灭一切的嘈杂——树木连根拔起，房屋崩塌破碎。这一幕将永远铭刻在她的脑海中。他的哭喊声，还有他被洪水卷走时脸上惊愕的表情，仿佛在说："我信任你，而你却抛弃了我。"

现在你有什么感觉？这一次，问题提得很清晰。比起那六千个死于数次洪灾的没有特征的人群，现在看着洪水夺走小男孩的生命更让你感到揪心。我说的没错吧？并不是说你不同情那几千个洪灾受害者及其家人。只是说，读开头那句话时，你可能并没有感觉到什么东西。别急，这不是心理测试，不会揭示你内心深处的病态倾向，这一对比只是突出了我们人类处理信息的方式。

几千人的死亡不如一个小男孩的厄运，这一说法似乎与直觉相悖。然而，即使是最重大、最可怕的事件，如果只进行笼统的陈述，它也不会对我们的情绪造成多大的直接影响，容易被我们忽略，仿佛它根本不存在一样。为什么会这样呢？因为我们得停下来思考，以便"手动"完成一个故事应该做的事情：让事件足够具体，以引发我们的情绪反应。那我们为什么不能"自动"产生这种情绪反应呢？达马西奥说："……人脑聪明，但同时也极为懒惰，它们严格奉行极简主义哲学，能少做的事绝不多做。"[6] 既然你的大脑可能更有兴趣思考其他重要的事情，比如你爱人今晚为什么又一次这么晚回来，那它很可能不会再去想这样的问题：看看又发生什么事了？几年前有个地方发生了可怕的洪灾？尤其是因为，你对此无能为力，而且这种消息只会让你难受。再者，你那笨蛋老公已经够让你烦心的了，你妈当初警告过你要小心他，可你怎么不听她的呢？啥？洪灾？你在跟我说话吗？

如果我让你想想某件事，那你可以选择不去想。但是如果我让你有所感触呢？那我就抓住了你的注意力。感觉是对事物的一种反应，情绪让我们清楚什么事对我们很重要，我们的思想就别无选择只能照做。[7] 对我们没有影响的状况（无论是对我们没有直接影响，还是因为我们无法想象别人受到了什么影响），对我们来说就不重要。所以，个人化的故事对读者的影响远远超过非个人的客观陈述，尽管事实陈述所涵盖的范围要大得多。事实上，只有通过具体的个人化描述，才能准确体现整个事件的要点。否则，正如斯嘉丽说的那样，我们可以明天再想想。因为思考一件没能从情感上引起我们注意力的事往往需要耗费更多的脑力，那所谓的明天再想就等于永远不会再想这个问题。

先感觉，再思考，这就是故事的魔力。故事借助非常具体的细节，把某个一般的状况、抽象的想法或假设个人化。故事提取一个罪恶的大事件（大屠杀）中的恐怖元素，并通过一个人的两难抉择来阐明事件的影响,这就是《苏菲的选择》(Sophie's Choice)。宏大而令人难以承受的大屠杀凝结为一个人的抉择(一个母亲必须决定放弃她深爱的两个孩子中的哪一个),原本难以理解的丧失人性的罪恶得以呈现。大屠杀,不可言喻的残酷,苏菲最终的决定,这沉重而难以言表的一切,我们读者都能够感觉到,因为我们从苏菲的视角看世界。我们不是在阅读关于大屠杀的信息,而是在体验这个过程。

◎ 关于细节内容的细节

为了揪出可能损害故事的笼统的陈述,我们先要认识它们,知道它们长什么样子。答案很简单:笼统的陈述读来空无一物,这就是关键。笼统的陈述就是不指向任何具体事物的空泛的想法、情感、反应、事件。例如,我只告诉你"特雷弗度过了一段快乐时光",却不说特雷弗到底做了什么,也不说怎样才算快乐时光,这就是笼统的陈述。只说"格特鲁德一直想要做生意",却不说她想做什么生意,她为什么想做生意,又因为什么到现在还没去做生意,这就是笼统的陈述。笼统的概念是狡黠的魔鬼,它们跳到故事前面,放下百叶窗,将读者关在外面。下面这个例子可以看出,如果让笼统的陈述掺入故事,占据主导,故事会变得多么令人讨厌:

杰克:凯特,我们共事很长时间了。

凯特:是很久了。

杰克:所以我开始期待你的工作具有某种我无法形容的东西。

凯特：谢谢你杰克，我想……

杰克：不幸的是，你在这个项目上的表现没有达到预期水平。

凯特：可我已经竭尽全力了。

杰克：我不是质疑你工作不努力。我质疑的是你的技术和一直没有进展的问题。你忘了？这是公司最著名的项目，一切都指望着它呢。我会给你几天时间，但如果这个项目还没有起色，那我只好把你调回原来的岗位。

凯特：想想去年四月发生的事，我真不敢相信你居然会这样安排。

杰克：没错，我就是这么想的！趁我还没有后悔，现在马上回去工作。

显然，对于创作者而言，这两个人物处在紧张的转折点上，矛盾冲突一触即发。可以想见，创作者的手指在键盘上跳动，以为自己正在传达凯特逐渐增强的焦虑和杰克有节制的失望。当然，我们也会感到焦虑和失望，因为我们根本不知道凯特和杰克到底在谈论什么。

◎ 案例研究：沃利和简

为了更好地了解"含糊"具体是怎么回事，我们来解构一个含糊的句子：

简知道沃利爱做讨人嫌的事，所以当沃利公然评论她的长相时，她忍住了没打他。

表面上看，这是个完全合情合理的句子，但条件是，接下来的句子必须能回答这句话中的问题。不幸的是，接下来的句子往往又是一个模糊笼统的陈述。记住这一点，现在我们好好地看看这个句子缺少的东西：

我们不仅不知道沃利做了什么讨人嫌的事，也不知道简觉得什么行为很令人讨厌。举个例子，也许是沃利放火烧流浪猫。这样的行为就相当可恶，这也透露了关于沃利的一些信息。又比如，沃利和贫民区的孩子一起玩，而在简和她那自命不凡的小团体看来，这事绝对是不可饶恕得令人厌恶。这就透露了关于沃利和简两个人的信息。

既然这件事发生在"大家"面前，那大家有什么反应？那就得看这些人是谁了。他们是钢铁厂工人？高中生？地铁上的乘客？而且就算我们知道他们是谁，也不太可能猜出他们对沃利的评论有什么反应，因为我们根本不知道他做了什么评论。

不过在弄明白沃利说了什么话之前，还要注意"评论"这个说法。沃利"评论"了她的长相，那这是贬损性的评论？还是引诱性的评论？我们不知道。唯一知道的是简对此反应强烈。他是不是问她"你长胖了吗"？还是跟她说，如果不希望他盯着她的胸部看，她就不该穿一件紧身的低领短袖——正面镶有水钻，拼成了"Juicy"的字样？或者说，因为她是高高在上的返校节皇后，而杰克只是个讨厌的修理工，所以她想要打他，只是因为他居然敢对她说话这个事实？我们不知道真相是什么，即使据理推测，我们依然无从得知自己的推测是否正确。因此，不论我们作何推测，那感觉都像随意地选出一个数字，选到什么就是什么。

同样引起困惑的还有"打"这个字。简有没有忍住没有用力打沃利的耳光？或者只是想闹着玩似的拍拍屁股？还是说，"打"其实是"亲嘴"的俚语？因为其实他说的是"宝贝，你真美"，而这句赞美深得她心，因为自从听说他放火烧猫的那一刻起她就对他有了好感，因为她也有此癖好。借巴斯·光年的话来说，这种种可能性是无限的。这就意味着读者猜到下面这个正确答案的概率几乎为零：

> 简知道沃利喜欢吃虫子，这样他就可以在"展示说明"活动中再把虫子吐出来，恶心大家。所以，当他在幼儿园班上叫她胆小鬼时，她决定不打他的肚子，以免他洋洋得意。

笼统的陈述的问题在于：因为它们是模棱两可的，所以很难有下文。因为它们没有告诉我们此刻具体发生了什么，所以我们对接下来具体会发生什么就没有任何期待，促使我们带着好奇继续读下去的多巴胺也就消失了。

换言之，笼统的陈述不能形成具体的结果，所以故事不知道走向何处。与此同时，这种陈述带来了更多含混不清的陈述，进一步加剧混乱，最后读者就会意识到故事中的疑团比故事给出的答案还多，于是就丢下书到冰箱拿点心吃了。

◎ 创作者为什么会含糊其词

创作者很少意识到自己写得含糊其词，虽然有时候他们有意为之。他们之所以采用笼统的陈述，主要有三个原因：

1. 创作者对所写的故事非常了解，但她没有认识到一个对她来说非常清晰的概念，其实对于读者来说却深奥难懂。所以，如果一位创作者写道："看着奥斯古德的紧身牛仔裤、蓬乱的头发、破旧的匡威高帮布鞋，蕾妮露出了会心的微笑。"她可能不知道我们会对此迷惑不解："会心的微笑"，指什么呢？微笑背后有什么含义？表示她知道奥斯古德这副潮人的扮相是装出来的，其实他只是个喜欢装模作样的人？或者说奥斯古德是她的梦中情人，今晚她就要向他表白？还是说她怀上了艾克塞尔的孩子，但奥斯古德却蒙在鼓里？因为创作者自己很清楚"会心的微笑"背后的含义，想当然地以为读者也知道，所以创作者根本没有想过必须向我们交代这一点。

2. 创作者自己对于故事没有足够的准备，所以让蕾妮仰头给奥斯古德一个会心的微笑只是因为情节需要。如果你问创作者为什么，她说不定会疑惑地看着你说："等等，难道她这么做还需要理由？"

3. 创作者对自己所写的故事非常了解，也意识到了自己没有讲蕾妮那个会心的微笑是什么意思，因为她担心如果说出来会"透露过多信息"。这个常被误导的担心就是第七章在讨论"揭示性内容"时会深入探讨的内容。所以，在这里我不透露过多的信息了。

无论是因为创作者对故事了解得太多，还是太少，或是创作者有意为之，含糊其词总不是个好办法。因此，为了帮你找出故事中可能含糊其词的地方，现提供一份可对照排查的清单。

◎ 六个经常缺失"具体内容"的地方

1. 故事人物做某事的具体原因。和很多事情一样，开头可能都很美好："霍莉躲进了巷子里，庆幸自己第几百万次躲开了萨姆。"好像很不错，是吧？可问题是，这个开头没有达到预想的效果，除非读到这里时我们已经知道霍莉为什么一直躲着萨姆。可能是因为萨姆从1967年开始就一直在纠缠她，也可能是她暗恋萨姆，不想让他看到自己狼狈的样子，也可能是她欠萨姆的钱。谁知道呢？这些具体的原因每个都暗示着一个不同的情节，其中任意一个都有助于理解此刻发生的事，让读者对接下来要发生的事有所期待。可如果没有具体的解释的话，我们就会毫无头绪。

2. 隐喻要阐明的具体事物。有个有趣的事实值得我们注意。正如认知语言学家乔治·拉考夫所言，我们不仅通过故事和图像思考，而且还通过隐喻思考，只是我们自己没意识到而已。[8] 隐喻是心灵"用具体事物表达抽象概念"的一种手段。[9] 不管你信不信，我们每分钟大约会说出六个隐喻。比如，"价格**攀升**""我心情**沉重**""时间**流逝**"。隐喻几乎无处不在，所以我们反而很少注意到它的存在。[10] 不过，文学隐喻要另当别论，文学隐喻的目的是传递新洞见。文学隐喻并不隐蔽，其出发点就是要吸引注意。借用亚里士多德对其下的定义："隐喻就是给某物另外取个本属于其他事物的名字。"[11] 问题是，有时创作者太热衷于创造优美感人的比喻，结果忘了告诉我们隐喻的"本体"是什么，比如下面这段话：

> 萨姆内心深处有某样东西快要被撕裂了，他感到这样东西的缝合处裂开了。他把它想象成一个笨拙少年用过的旧垒球，上面的缝线现在已经变成灰色的了。缝线一旦裂开，它就会变成另一样东西，表皮剥离，露出一个又丑又怪异的东西，你从未想过这东西竟然一直存在于那个曾经闪亮而充满希望的垒球之中。

写得很好，但因为我们不明白这个"又丑又怪异的东西"在故事中实际对应什么，也不知道创作者究竟想表达什么要点，只知道萨姆有某个含糊不清的东西即将像垒球一样裂开，所以我们无法融入其中。隐喻只有在读者知道它诠释的对象是什么的时候才能引起共鸣。否则，即使听起来好像的确有所指，的确有什么非常重要的信息要向我们传达，我们也只会想：我知道这意义重大，可我不明白它意在何处。而且也不该让读者花上哪怕一纳秒的时间去解读一个隐喻。当你快速阅读时，隐喻应该是"清晰可见的"，其所指应能即刻被理解。还有，无论写得多有诗意，隐喻都必须给我们带来新的信息和见解，而不是简单地重复我们已经知道的东西。

3. 由某种状况唤起的对某个具体事件的回忆。再看一个例子：

> 在萨姆向霍莉扔出那只发臭的旧垒球的那一刻，他就意识到这是个错误。1967 年，温拿唐卡湖（Lake Winnatonka）

笨人夏令营活动的第十一局令他永生难忘，要是他能吸取当时的教训该多好啊，可惜的是，他没有。

看到这里，我们会想，慢着，什么教训？为什么难忘？因为没有具体细节——不知道1967年具体发生了什么事情，所以我们无从得知萨姆本应从中吸取什么教训，这事和现在正在发生的事有什么关联，也不知道这事意味着萨姆和霍莉处于什么样的互动状态。由于读者没有参照物，所以只能瞎猜。这问题比我们想象的严重，因为到后面读者也不知道自己猜得对不对。更糟糕的是，读者准确猜测到创作者留白的具体内容的概率差不多相当于我们中彩票的概率，所以读者现在想象出来的故事可能与创作者实际写的故事完全不同。

4. 人物对于一个重大事件的具体反应。我们继续看霍莉和萨姆的故事：

> 萨姆非常害怕要是霍莉发现他又把那个垒球揣在口袋里一路跟踪她，她不仅会取消晚上一起吃意大利面的约会，而且会最终把那条禁令搬出来。他正担心着，没注意到她停下来系鞋带，结果绊倒在她身上。这下她知道了，他想躲也躲不过去了。
>
> 第二天萨姆去上班，心里希望老板今天心情好，因为他想问问升职的事……

读到这我们会想："诶，等会儿，不是说萨姆正担心霍莉发现他在跟踪她吗？他有什么判断？作了什么决定？后来怎么了？有什么后果？他有什么感觉？讲点什么吧，什么都行！"更糟糕的是，因为我们知道萨姆对此十分纠结，而现在他没有一点反应，这让我们不由得怀疑他到底是不是个有血有肉的人。哦，也许我们当中真的有外星人呢。这个例子是有些极端，但这种情况极为普遍。为什么呢？我想是这样的，因为创作者清楚地告诉了我们霍莉对萨姆很重要，所以她以为我们也能准确地理解萨姆的感受，既然如此，她就觉得没有必要再浪费笔墨把它写出来。然而，虽说我们的确可以大致想见萨姆的感受，但是，毕竟故事须言之有物，要有具体内容。这里的关键问题是，对任何由于某种读者能即刻领会的具体原因而发生的事，故事人物都要有所反应。当然，或许除此之外还有一个更深层的原因，我们要读到后面才能理解。事实上，某个反应的"真正原因"可能和现在表面上看起来的原因正好相反。但是，绝对不能没有反应。这种情况尤其要避免：故事叙述让读者以为某件事会对故事人物造成巨大影响，而相关人物却连眼睛都不眨一下。所以我们要时刻牢记这一点：故事不在于发生了什么事，而在于人物对事件有什么反应。

5. 主人公脑海中闪过的各种具体的可能性，特别是在她努力琢磨眼前发生的事情的时候。 下面是从刚刚那个朦胧模糊的故事中截取下来的片段：

> 霍莉意识到这些年萨姆一直在跟踪她。他为什么要那样做？那个垒球又是怎么回事？她很疑惑，绞尽脑汁地寻思着，但还是想不出任何合理的原因。

这次我们会这么想："等等，能不能至少告诉我们有哪些可能的原因？霍莉绞尽脑汁的时候脑子里都在想些什么？"读读下面这个摘自埃莉诺·布朗（Eleanor Brown）《命运三姐妹》(*The Weired Sisters*)的片段，你就能知道在让主人公说"天啊，我不知道啊"之前，你能传达多少信息。

> 她记得，她的一个男朋友曾随口问她一年看多少本书。"几百本。"她回答。
>
> "你怎么有时间看这么多书？"他惊讶地问道。
>
> 她眯着眼，寻思着摆在面前的一系列可能的答案。因为我不会几个小时不停地换台还抱怨没有好看的节目？因为我不会让赛前、赛中、赛后的无聊八卦占用整个星期天的时间？因为我不会每个晚上狂喝高价啤酒，和其他浪荡公子哥儿瞎混？因为我排队、健身、坐车、吃饭的时候没有抱怨等待时间长，没有发呆，没有对着可能反光的器物表面自我欣赏？我都在看书！
>
> "我不知道。"她耸了耸肩回答道。[12]

还需要再解释吗？

6. 人物改变心意的具体原因。还要回到刚刚那个含糊不清的故事：

> 霍莉一发现萨姆在跟踪她，就立刻发誓说如果有一件事她绝对不答应的话，那这件事就是跟萨姆一起吃意大利面。可是后来他发消息说水已经烧开了，八分钟后还没赶到他家的话，面条就变糊了。经过激烈的思想斗争，霍莉

回消息说:"好,我喜欢有嚼劲的。五分钟后到。"

读完你应该就发现了这个价值百万的问题:为什么霍莉改变了想法?答案绝不能是"因为就是这样的"。我们喜欢打探她内心激烈的思想斗争,想知道是什么东西最终使她的心理天平发生了倾斜。

◎ 细节内容虽好,但往往少即是多

有时我们可能走向另一个极端,疯狂地往故事里堆砌大量的细节内容,就像吃自助餐时什么菜都往盘子里放一样。所以,我们有必要牢记玛丽·波平斯(Mary Poppins)讲的那句至理名言:"适可而止犹如一场盛宴。"细节内容过多会让读者应接不暇。我们都知道,大脑一次只能接收大约七条信息。如果细节内容太多,来得太快,我们的脑子就会罢工。例如,下面这段文字你能坚持读到底吗?

简瞥了一眼这黄色的房间,目光快速掠过那张硕大的四柱床,床上放着蓬松的涡旋花纹的蓝绿色被子,旁边有做工精细的摇椅,还配有橡木床头柜,上面堆着书,布满灰尘,还放着一盏硕大的铜灯,火焰形状的灯泡闪着微光,铜灯摇摇欲坠,倒向旁边十六只敞开的棕色破箱子,最靠近门口的那只箱子里面塞满了 20 世纪 60 年代的旧衣物(迷你皮裙、棉布背心、紧身及膝的白色皱皮高筒靴、黄色的玛丽珍鞋、大喇叭牛仔裤,还有一顶松软的紫色麂皮牛仔帽),其他十五只箱子里装着玛蒂尔达在漫长一生中收集的物品,如果要把玛蒂尔达比作什么动物,那她就像只驮鼠㊀,所以她还有……

好,现在抢答:那房间什么颜色?要是你一脸疑惑反问:什么房间?那也不能怪你。我想你肯定看到第三行就呆住了。虽然创作者自己可能明白每个细节为什么重要,但读者没有任何概念。读者甚至无法停下来搞清楚它的意义所在,因为细节描述不断涌来,读者应接不暇。所以到这段末尾的时候,我们不仅没跟上细节,而且连故事本身也忘了。

不妨把每个细节内容想象成一个鸡蛋。创作者不停地朝我们扔鸡蛋过来,一个接一个,似乎没有意识到我们怀中的鸡蛋越来越多,已经岌岌可危了。结果,当细节描述进行到一半的时候(大概在"紫色麂皮牛仔帽"这个位置),多出来一个鸡蛋。糟糕的是,我们不仅没接住那个鸡蛋,而且还让其他所有鸡蛋都掉到了地上。事实上,创作者给我们的细节越多,我们能记下来的就越少。这再次证明了一点:故事中的细节内容和生活中的大多数事物一样,少即是多。偶像级歌手托尼·班奈特(Tony Bennett)有句话用在这里很合适,有人问他八十多岁时唱的歌曲里面可以融入哪些年轻时做不到的元素,他毫不迟疑地回答:"懂得舍弃一些东西的能力。"[13]其实何必等到八十岁才懂得放弃呢?

然而,人们普遍认为,有一种细节多多益善,即感官细节。这一观点建议创作者们往故事里注入大量能够满足读者感官享受的细

㊀ 比喻爱收藏杂物的人。——译者注

节描写，比如阳光沙滩、松脆的饼干、诱人的美景等，以更好地吸引读者。真的吗？

神话：感官细节能给故事带来活力
现实：如果感官细节描写不是用来传达必要信息，那它们只会堵塞故事的动脉

　　故事里的一切都有其存在的理由，感官细节尤其如此。记得有一篇稿件在第一页极为详尽地描述了主人公在一个宁静的早晨开着车，手背如何感受到阳光的温暖，嘴里如何回味着早餐吃过的草莓的味道，手掌如何紧握着冰凉的方向盘，这种触感如何让她快乐地颤抖……我能记起来的差不多就这些了，因为读到这里，我唯一的想法就是，能小小地打个盹是多么爽的事啊。

　　如果阳光照在主人公的身上这一陈述没有另一层含义，那我们读者根本不需要了解这个信息。如果只是单纯地讲她在刷牙、剔牙，六次漱口之后还能闻到草莓的味道，那我们也没必要了解。如果只是单纯地讲方向盘握着很凉，那……你们知道我要说什么了。只有在这些细节能提供必不可少的信息时，我们才需要知道它们。例如，我们假设主人公露西对浓郁的香草麦芽威士忌的清凉纯净的甜味有特别的嗜好。谁会在意这事呢？但是如果因为露西血糖低，所以她喝完最后一口就昏倒了呢？那就不一样了，因为产生了后果。要是这个细节能让我们进一步了解露西就更好了。也许创作者写露西喜欢喝威士忌，是为了让我们知道她是一个享乐主义者，总是只图一时快活而不顾长期的健康。也许创作者把露西对于香草口味的热爱作为一种隐喻,来说明某种情况。办公室其他女性都爱巧克力口味,而露西对香草味情有独钟,这暗示着她与众不同,说明她对女人都爱巧克力口味这一成见感到不适。这样读者就会想:哈,我敢打赌露西肯定没有一橱柜冲动购买的鞋子,也不会一有时间就涂脂抹粉,关心名人八卦。

奇普·希斯和丹·希斯在《让创意更有黏性》(*Made to Stick*)一书中指出:"虽然鲜明的细节可以增强故事的可信度,但它们必须有意义,即它们必须象征或支撑故事的中心思想。"[14] 还记得吗?我们的五种感官每秒钟会给我们传送 1 100 万比特的信息,这些都是感官细节。然而我们的大脑知道我们必须至少屏蔽其中的 10 999 960 比特,剩下的只能是那些可能对我们造成影响的信息。写故事也是同样的道理,你要做的就是过滤掉那些不起任何作用的细节信息,给有用的信息腾出足够的空间。

故事中描写感官细节,主要出于以下 3 个原因:

- 该细节为事件因果链条上的一个点,与情节发展密切相关,如:露西喝了奶昔,晕了过去。
- 该细节能让我们洞察人物内心,如:露西是个不折不扣的享乐主义者,她要惹上麻烦了。
- 该细节是一个隐喻,如:露西对于口味的选择反映了她的世界观。

另外,必须让读者意识到每个细节存在于故事之中的理由。从情节构思的角度来看,这是显而易见的事。比如:"在品尝威士忌的过程中，露西失去意识，晕倒在地上。"喝酒和晕倒之间的联系谁都看得出来。而至于要暗示她是个享乐主义者，那就先要让我们知道她低血糖，同时知道她自己完全清楚那看起来无害的威士忌里潜藏着危险。这就是创作者们在第一稿中常常忽略的铺垫，不过到第二稿时可以很容易地插进去。

第三种选择（把细节描写当作一种隐喻，暗示某种状况）是最难做到的。因为这种细节描写不依赖于具体的事物、具体的人物行为、故事中的某个已知事实，而是依靠读者解读其言外之意的能力。而读者能否解读其言外之意，又取决于创作者打基础的能力。如果创作者铺垫得好，读者就能凭直觉推断出露西偏爱威士忌这一细节暗示了她我行我素的性格。所以必须先让读者知道她周围的其他女性都把爱好巧克力味的饮品看成某种身份的标志，这种氛围让露西备感压抑。"露西环顾餐厅，看见所有女性都在慢慢喝着巧克力味威士忌，似乎这是一种秘密的协议、某个俱乐部的通行证，而这个俱乐部她并不想加入。"所以，喝香草味威士忌其实是一个非常勇敢的举动，这一举动揭示了露西的性格，说明她是一个勇于坚守信念的人。从那时起，这条信息将影响读者对露西所做的每件事以及她所处的每一种情境的理解。

◎ 场景，场景，场景

创作者们常把场景描写搬出来，以此反驳"故事中的一切都要有其存在的理由"这一规则。你看，读者总要了解故事发生在什么地方吧？卧室的布局，门厅凹陷的地板，院中的垂柳，高耸的山脊，等等。还有，谁不喜欢壮丽的日落？可是，还记得艾尔莫·伦纳德（Elmore Leonard）那句名言吗？他说："读者想跳过去的内容，就是需要删除的内容。"在读者想快速浏览甚至跳过去的内容中，有很大一部分都是环境描写，描写场景、天气等。为什么读者想跳过去呢？因为故事讲的是人，讲的是发生在人身上的事以及人们做出的反应。场景是故事发生的场所和环境，当然很重要，但是，如果只是单纯地描写景色、城镇、天气，无论写得有多好，无论这场景本身多么有趣，也只会阻碍故事发展，扼杀故事活力。

当然，这并不是说一定不能有"这是一栋哥特式的建筑""那是个月黑风高的夜晚""这个小镇的历史可以追溯到1793年"之类的描述。只不过在描写这些的时候，最好牢记乔治·S.考夫曼（George S. Kaufman）的一句百老汇名言："场景是没法被哼唱的。"在故事中，我们需要一个说得通的理由，才会去关注天空是多么阴郁，城市多么热闹，白色的栅栏有多么古雅。很多时候，场景描写奠定了故事的基调。正如斯蒂芬·平克所言："情绪取决于周围的环境，想想自己在汽车站候车室时的心情，或是身处湖边小屋的心情。"[15] 所以，如果你颇费周折地描述场景（无论是一间屋子、一个场景、一桌丰盛的饭菜，还是主人公的穿戴），那你最好真的是在传递一些其他的信息。对房间的描写应该透露一些关于房间主人的情况，或者暗示那颗丢失的钻石的下落，或者侧面反映故事发生地的社会风气，甚至更好的是，三者兼而有之。

比如，我们来看看著名小说家加西亚·马尔克斯（Gabriel Garcia Marquez）的《霍乱时期的爱情》（*Love in the Time of Cholera*）能不能给你一点启发。下面这段文字可以说是场景描写的典范，作者充分利用对房间的细节描写，让读者深入了解人物。摄影师耶利米·德萨因特·阿莫乌尔刚刚自杀了，下面这一段讲的就是他的好友兼棋友朱维诺·乌尔比诺医生来察看他家客厅。

> 客厅里，一架巨型照相机架在轮子上，那轮子就像公共场所活动栏杆下的轮子一样。幕布上画着"黄昏的大海"，是工艺匠的手笔。周围墙上挂满了孩子们的照片，并标着那些带有纪念意义的日期：第一次圣餐、戴兔子假面具、幸福的生日。乌尔比诺医生通过他到这里来下棋的那些下午，年复一年，于冥思苦想之余，目睹了这个客厅的墙壁已逐渐被照片覆盖殆尽。他曾多次不无痛心地想到，在那个陈列着即兴拍下的照片的展室里，孕育着一个未来的城市，这座城市将由那些难以捉摸的孩子来管理和败坏，而他的荣誉则将荡然无存。[16]

这个片段不仅提供了幕后故事，让我们洞察乌尔比诺医生的世界观，而且还巧妙地概括了一个人类共通的无奈的现实：某天我们离开了这个世界，这个世界仍然继续运转，仿佛我们从未来过这个世界一样。这也是我们创作故事的原因之一吧，总比在岩石上涂刻"某某到此一游"好一些。

所以，如果你想写一部有分量的小说，让与你素不相识的读者都纷纷打电话向朋友推荐说"你一定要看下这本书"，那你得彻底检查一下自己写的故事，确保把任何让人昏昏欲睡的东西，任何含糊、抽象、笼统的内容，转化成非常具体、别具一格、清新愉悦、扣人心弦的文字。

第六章 自查要点

- 你是否已经把"笼统的描述"彻底转化成了"具体的描述"？化笼统为具体其实就是创作者的本职工作。你也不想让读者凭空瞎猜，误解你作品本来的意思吧？

- 在经常容易出问题的那几个地方是否有细节缺失的情况？有没有一些地方读者看不到主人公行为背后的原因、基本原理、反应、回忆或其他可能性？

- 你的读者能否一眼就看出你设计的隐喻在"现实世界"中具体指什么？读者能否即刻领会它们的意义，在脑海里勾勒出它们的形象？不能让读者反复看三四遍——读者首先要能想象出它的样子，然后弄明白它到底意味着什么。

- 是不是所有"感官细节"（也就是东西看起来什么样子，尝起来什么味道，摸起来什么感觉）都不是为描写而描写，而有其必须存在的理由？你要保证每个感官细节描写都是精心策划妥当安排的结果，其目的是让读者洞察故事情节、故事人物，甚至故事主题。最后，请记住，没有言外之意的场景描写只能算游记。

第七章
酝酿冲突,推动变化

认知秘密:
大脑构造决定我们天生抗拒改变,即使是变好。
创作秘诀:
故事讲的是变化,而变化只能取自不可避免的冲突。

"所有改变,即使期待已久,也有其令人惆怅的一面,因为被我们抛在后面的是我们自身的一部分,所以在进入另一种生活之前,我们必须先结束眼前这种生活。"

——阿纳托尔·法朗士(Anatole France)

大脑不喜欢变化。它经历了数百万年的进化，而进化的唯一目标就是维持长久的、稳定的平衡，换作是你，你会喜欢变化吗？而且，在掌握了物质上的生存之道后，大脑并没有懈怠，是的，真没有。因为它改变了努力的方向，除了维持生存，大脑也在为给我们带来舒适自在的幸福感而奋斗。只有获得了幸福感，大脑才开始适应这种长期的警戒状态——随时准备扑向任何可能出现的不平衡，而且往往不等意识雷达探测到异常就出击。[1]这就是为什么一想到要换个理发店，换条路线上班，或者换支不同品牌的牙膏，我们就深感不安，宁愿继续用旧的东西。再说，我们的牙齿还没掉呢，这不就说明原来的牙膏还能用吗？何必换来换去自找麻烦？

正如神经学作家乔纳·莱勒（Jonah Lehrer）在《我们如何做决定》（*How We Decide*）一书中指出的那样："自信能够抚慰人心。人对确定性的渴望深植于大脑的根基之中。"[2]事实上，自信是构成幸福感的重要组成部分。因此，出现挑战我们现有信念（对任何事物的既有观点）的问题时，我们往往变得有些暴躁。或者用社会心理学家蒂莫西·D. 威尔逊（Timothy D. Wilson）的话来说："人类堪称掩盖、粉饰危险信号的舆论导向专家，并且他们会竭尽全力去维持既有的幸福感。"[3]

我们不喜欢变化，也不喜欢冲突，所以大多数时候尽力避开冲突，避免变化。然而这两者都不容易做到，因为世上唯一不变的就是变化本身，而变化必由冲突引起。这个还是那个？我来还是你来？巧克力还是香草？

听起来有点绝望，是吧？不过别急，套用一句广告词：后面还有好东西！任何一个曾经被闪闪发光的小首饰、迷人的陌生人、不切实际的梦想诱惑过的人都知道，凡事都有另一面。那些新奇的事物（闪闪发光，可望又不可即的东西）对人类来说拥有势不可挡的诱惑力。

我们同时也进化出了喜欢冒险的心理。这也是必然的。没有冒险的精神，我们就不会离开住所，到荒野中寻找食物，滋养不断成长的大脑；不会勇敢地翻越山脊，找到维持生存的苍翠山谷；也不会大胆地走近那迷人的陌生人，以使我们的生活变得更有意义。[4]

于是矛盾就出现了：我们能存活下来，是因为我们敢于冒险，然而我们生存的目标在于保证安全，没有绝对必要就不进行丝毫改变。说到冲突，这本身就是冲突！这就回到了我们关于故事创作的讨论了。故事要做的是准确地呈现我们如何应对这一冲突，这一冲突可以概括为：恐惧与欲望之间的斗争。

如此看来，冲突自古被称为故事的命脉也就不奇怪了。这一点似乎是所有人的共识，无论是瞎编一个讲夺命蜘蛛的通俗故事，还是在打造一部语言优美的文学作品，围绕主人公在邮递员最后将他期待已久的象牙色信封塞入破旧的黄铜邮箱时有没有叹息而展开。

所以，在故事创作中制造冲突似乎显而易见，无须多言。然而，这里我要跟你讲的是，不要相信这个说法，不要以为冲突一定对故事有利，请把冲突看成那个原始的潜伏着的恶魔。所以，为了打败这个恶魔，我们将在本章探讨：如何从第一个句子开始，利用即将发生的冲突增强悬念；一般在哪些细节之处可以设置冲突和悬念；为什么把关键信息隐藏到最后再揭露反而让读者不愿读下去。

◎ 理解我们对冲突的矛盾心理

说到冲突，你的读者必须像电影《第六感》（*The Sixth Sense*）中那个面色苍白的孩子一样，能够看到隐形的东西。为了让读者具有"事情不是表面看起来那样"的意识，冲突必须早在它浮出水面之前就有迹可循。正是触发冲突的潜在因素给故事情节发展带来了紧迫感，平静的事件下隐藏着一触即发的征兆。冲突以逐渐增强的矛盾对立为外在形式，不断向外扩散，贯穿整个故事，使大脑产生多巴胺，给读者带来愉悦的兴奋感。读一个精彩的故事时，这种由多巴胺驱动的兴奋感，来自故事的悬念，来自读者急于了解故事真相的迫切渴望。

但是，在用文字表现冲突这方面，我们为应对现实生活中而进化出来的本能反应往往会误导我们。神经精神病学家理查德·瑞斯塔克说："由于人类是社会性动物，所以归属感是与食物、氧气同等重要的基本生存需求。"[5]这一需求始于几十万年前，那时人类开始意识到，为了生存，"两个脑袋想问题总比一个好"，能形成一个社团组织就更好了！于是这就成了人类的一个新目标，现在全世界的幼儿园教师仍然推崇这个目标：让孩子从小学会与他人协作。这就产生了一系列鼓励人们友好相处的情绪，其中有愉快的情绪，而有的绝非令人愉快。如果有人怀疑情感无与伦比的巨大影响力，那他可以了解一下最近一项使用磁共振成像技术的研究，该研究的实验结果显示，强烈的社会排斥感激活了掌管"痛苦"的脑区，这一脑区就是身体疼痛时被激活的区域。[6]我们大脑的这一反应表明了这一观点：冲突带来痛苦。

这也许就是我们总想尽快平息冲突的原因。在我们很小的时候，大人就会让我们明白与他人发生冲突会给自己带来麻烦，而且如果能消除冲突因素，防止出现更大的冲突，我们会受到奖励——既包括外在的社会奖励，也包括内在的自我激励（大脑化学物质在起作用）。有首老歌唱得好，无论做什么，都"别跟骑墙派搞到一起"，意思就是我们应该看到积极的一面，而不是消极的一面。但问题是，每个故事讲的都是某个骑墙派人物的故事，身处困境中的主人公进退两难。而我们很容易受无意识的控制，极力避开让我们左右为难的处境，同时也努力避免让其他人陷入这样的困境。不幸的是，其中也包括我们的主人公。

我永远不会忘记一位曾与我共事的作者，他写了一部长达八百页的小说，讲述了一个名叫布鲁诺的家伙从穷困潦倒到当上黑手党头目并获得大量不义之财的故事。这人心狠手辣，或者说他本该表现出心狠手辣的样子，但是作者从来没有给他表现的机会。爱他的妻子从未怀疑他有情妇，虽然他常常夜不归宿，总是待在"城里"；忠诚的情妇也从不威胁说要向他的妻子揭发他。当然，偶尔也可能"爆发"一些小冲突。我们看到，布鲁诺就要踏入一个精心设计的陷阱，对方准备伏击他，配备了充足的武器，枪、刀、铜管等，如果这些还干不掉他的话，最后还有一个汽车炸弹。可就在他即将开门的那一刻，对方接到一个电话，电话那头说事情已经解决了。所以他开门看到的是笑脸，对方给了他一个熊抱，然后大家坐下来一起喝咖啡，吃脆饼。

小说的作者是位成功的商人，大概六十岁，妻子还是他儿时的初恋，他们还有几个聪明有教养的孩子。我问他，现实生活中碰到冲突有什么感觉，他皱了皱眉头。"我不喜欢冲突，"他有点紧张，"谁喜欢呢？"

当然没人喜欢（即使是那些喜欢小题大做的人）。而这正是我们喜欢故事的原因，我们听故事就是为了去体验所有那些我们在现实生活中回避、害怕的东西，或者那些我们一直渴望完成却由于种种复杂的原因没有完成或无法完成的事情。我们想知道这样做在情感上会付出什么代价，万一我们自己或者我们认识的人出现类似的情况，这样做会有什么感受。归结起来就是：现实生活中我们希望冲突马上得到解决，而在故事中，我们希望冲突在人类可承受的范围内尽可能拉长，一步步升级，逐渐满足我们的趣味。你可能会说，等等，不对呀，如果我们本能地与主人公同喜同悲，而冲突使人痛苦，这不就等于说我们读者是受虐狂吗？非也。代入感不等于现实的体验，替代性兴奋感因为缺乏体验这一环所以并不如现实的兴奋感那样强烈，同样地，我们沉浸在故事中时所感受到的痛苦也远不如真正的痛苦那样强烈。诚然，我们对主人公的遭遇的确感同身受，但我们忠实可靠的大脑同时也清楚地意识到，发生在那个可怜的人身上的事情并没有真的发生在我们自己身上。所以，当我们看到朱丽叶醒来发现躺在她身边的罗密欧毫无生命迹象时，内心虽然能感受到她的痛苦，但也不会忘记这么一个事实：我们自己的爱人正在旁边的座位上安稳地打着呼噜呢。而这一点正是故事如此吸引人的原因所在。我们可以虚拟地体验困难和刺激，又不需要冒任何风险。

所以说，文学创作与现实生活不同，其目标就是要抓住冲突，利用它制造悬念。现在该说说那个价值几万元的问题了：如何把**迫在眉睫的冲突**转化为**源源不断的悬念**？

◎ 悬念为冲突服务

如前文所述，故事从事件发生"之前"跨越到事件发生"之后"，这中间各种情况奔涌而来。因此，故事的本质特征之一就是记录正在发生变化的某件事情。通常情况下，所谓的"某件事情"围绕一个问题展开，这个问题就是主人公为了从此岸"之前"到达彼岸"之后"必须解决的问题。

表面上看，产生冲突的是不断升级的外部障碍，外部障碍使主人公无法快速解决问题，毫发无损地继续自己的生活。但是，如果你不能从一开始就埋下冲突的种子，并让它们生根发芽，破土而出，迎接阳光，那么你设置的这些外部障碍就可能毫无意义。你可以把它想象成"之前"这堵原本坚实的墙面上出现的第一道裂纹。造成裂纹的原因往往能回答这个问题：故事为什么要从这一刻开始？举个例子，在安妮塔·雪瑞芙《飞行员的妻子》（*The Pilot's Wife*）一书中，正是黎明前那不祥的敲门声让女主人公凯瑟琳意识到，一定是出了什么事。之后凯瑟琳越来越强烈地感觉到丈夫杰克在很多方面看来完全像个陌生人,最初的那道裂纹便导致墙面石灰逐渐脱落。然而,故事讲的并不是凯瑟琳的遭遇本身,而是讲凯瑟琳如何努力理解她遭遇的问题,她以前坚信的东西从那一刻起逐渐粉碎了,她要面对这一问题。她碰到的问题正是我们直觉上十分抵触的环境变化。凯瑟琳努力说服自己,让自己相信杰克是个完美的丈夫,希望生活(也就是情节发展)别再捅破她精心编织但自己并没有意识到的理由和借口。

这样,故事的第一道裂口爆开丝丝裂缝,接着就像地震断层线一样,裂穿主人公的世界,掏空了一切。与地震形成的原因类似,这些裂纹往往由两种拉扯对抗的力量造成,主人公夹在这两种力量之间。我把这些对抗力量看成"对抗组",两者组合到一起,形成一个角斗场,在故事的进展中一决高下。记住,每个故事都有不止一个这样的"对抗组",下面这些最常见。

- 主人公认为的真相 vs. 实际的真相
- 主人公想要的 vs. 主人公实际拥有的
- 主人公想要的 vs. 别人对她的期望
- 主人公扮演的角色 vs. 主人公本身
- 主人公的内在目标 vs. 主人公的外在目标
- 主人公的恐惧 vs. 主人公的目标(外在的、内在的或内外共通的目标)
- 主人公 vs. 主人公的对手
- 主人公的对手 vs. 其仁慈(或仁慈的表象)

那就把我们的概括稍微再扩大一下:在时间维度上,故事发生在"之前"和"之后"中间；在空间维度上，故事发生在各种对抗因素之间。在这个时空维度中，主人公夹在对立冲突的现实之间，力图拉近相互对立的现实（也就是解决问题）。一旦成功，两者之间的空间闭合，故事也随之结束。两个背道而驰似乎越走越远的现实状况，最后竟然走到了一起，读者感到越来越好奇，故事悬念就在这过程中逐渐增强。

换言之，故事的任务之一就是以各种方式不断敲打主人公，直到她做出改变。基于这一思想，我们来看一下这些"对抗组"如何由里而外塑造一个故事。

◎ 丽塔和马可的故事：多组对抗冲突

在探讨他们的故事之前，我们先回顾一下人类大脑处理信息的三个重要事实：

- 人脑面对任何事物都会本能地寻找其规律或模式，以解读其意义，进而仅根据模式的重复或交替预测接下来会出现的情况。（这一点我们将在第十章深入探讨）[7]这也就意味着故事首先要有可供读者探寻的有意义的模式。
- 我们把故事脚本放到亲身经历的类似事件中（无论是现实事件还是想象中的事件），看看它是否可信。[8]这也让我们能够推断出文字之外的更多信息，或者因为没有足够的信息无法作出任何推断而疯狂。
- 人脑热衷于解决问题，这种热爱深植于我们的天性之中。一旦我们弄清楚某件事，大脑会释放出一阵令人陶醉的神经递质，好像在夸我们"干得漂亮！"[9]读故事的乐趣就在于弄明白究竟发生了什么事，这就意味着一个故事如果忽视前两点就不能给读者带来任何乐趣。

所有这些等于说读者知道的内容远比你想象的多，所以别紧张，不要担心透露过多信息。很有可能你的读者已经走在了主人公的前面，正好看到了你希望他们看到的情节。比如，对于马可这个花花公子会不会真的等妻子看望生病的母亲回来就跟她离婚这个事，读者比他焦躁不安的情妇丽塔还更清楚，尽管丽塔是故事的第一人称叙述者。这是件好事，因为这意味着我们不仅因为猜测故事人物会怎么做而心存悬念，而且还有另一种紧张的悬念：看着丽塔挑选自己的嫁衣，心里却很清楚马可根本就不可能离婚，而且也许他压根就没有结婚！

所以说，虽然我们站在丽塔这一边，但我们最不希望看到的就是她最后真的和马可在一起了，尽管我们深入丽塔内心，能够感受到她结婚的渴望有多么强烈。我们希望她能够认识到马可其实根本不是她需要的人，不要到最后真的嫁给了他，那样一切就太晚了。丽塔真正的挣扎来自内心，这是读者屏息以待的东西，也是这个故事的主旨所在。换言之，故事围绕丽塔对这个世界的看法和感受展开，而不是这个世界中发生的事件展开。因此，丽塔的故事中有无数层冲突，我们一组一组来看吧。

外部层面的冲突有：丽塔想要的（马可）vs.丽塔拥有的（马可的承诺）。在内部层面，冲突表现为：丽塔认为的事实（马可是她的精神伴侣）vs. 真正的事实（马可是个无情无义的人）。这就意味着一方面我们看到丽塔讨好马可，努力赢得他的爱，另一方面透过作者的叙述我们又逐渐意识到马可其实根本不是丽塔想象的那样。这就给了读者期待的空间：如果丽塔最终发现真相，她会有什么反应？她该怎么办？

接下来就到了最有意义的一组对抗因素，这个冲突往往决定了故事的结局，那就是：丽塔想要得到的（马可对她纯粹的爱）vs. 别人想要她做到的（马可想让她对自己的欺骗视而不见）。这就意味着丽塔在整个故事中一直纠缠于一个事实，即马可似乎认为丽塔只能一味地迎合他的所有任性的想法，不能提出任何质疑。丽塔知道这样做在朋友们看来十分懦弱，所以她很可能也会努力迎合朋友们的期待——至少表面上要做到。她在心里发誓要甩掉马可，现在只是没有找到合适的时机。

这又唤起了她内心深藏的担忧，也许马可真的像朋友们说的那样。但是，因为她还深陷于对马可的迷恋之中，所以她不愿正视自己的怀疑。你看，丽塔现在也在跟自己作斗争，这一点可以在丽塔对马克所作所为的内心反应中看出来。她的内心在为马可的行为找理由。这就意味着，她说的话和她实际的想法很多时候是不一致的。这正是个逐步增强紧张氛围的好办法。

这就带来了另一个问题：这个事在其他人看来是明摆着的事，为什么丽塔选择无视它？我们探寻的是丽塔拼命守住马可不放的深层原因，不能只说就是因为她见到马可就小鹿乱撞。好，那我们就假设这个深层次的原因是丽塔害怕孤独。

恐惧？恐惧能否成为另一个冲突的来源？比如，"丽塔的目标"

和"丽塔的恐惧"这对冲突。好像不可能。因为她的恐惧并不会阻碍她实现目标,刚好相反,对孤独的恐惧反而使她投入马可的怀抱,如果和马可结婚了,她觉得自己就不需要应对孤独带来的恐惧了。所以这还不能构成一组对抗因素。但是,我们也还没有研究丽塔的内在目标。根据命运的安排(其实是作者的设计),丽塔的内在目标就是有一个男人接受她的现状,真心地爱她。马可是这样的男人吗?不是。所以这里面必定有冲突,而且是一个揭示创作经验法则的冲突,这个法则就是:

判断主人公一开始想得到的东西是不是她真正追求的目标,其中一个办法就是问问自己这些问题:为了达到这一目标(解决她的内在难题),主人公是否必须直面自己最大的恐惧?如果不是,那就说明这是个假目标。

你知道这意味着什么吗?实际上,丽塔的恐惧构成了一组很有力的对抗冲突:她的恐惧与她真正的目标之间的冲突,她真正的目标是找到一个真正爱她的男人。因此,如果她要忠于自己真实的想法,那她就应该离开马可,即使这意味着孤独。把握好层层对抗冲突,作者就可以充分利用丽塔对孤独的恐惧,明确她对发生在自己身上的事会有什么反应。这样,她所做的选择、决定,她的内心独白,她的肢体语言,都会以某种方式反映出她的真正动机,无论她本人是否意识到自己的行为动机。当然,不是说丽塔的思维活动会像下面这段内心独白那么直截了当:

> 天啊,马可绝对是个大蠢猪,可是谁让我宁愿去死也不愿孤单一人呢,所以我最好还是照他说的做吧,即使这该死的高跟鞋把我的脚弄疼了。

相反，应该更像是这样的：

  我和马克走进院子的时候，我看见我的邻居梅布尔匆忙跑进她的公寓，快速关上门，以免她的猫溜出来。她养了几只猫？八只？九只？可是她看起来总是那么忧伤，好像生怕那些猫不喜欢她似的。我心想，感谢上帝！感谢马可用胳膊搂着我的肩膀，虽然这样我得加快脚步才能跟上他的步伐，但穿着高跟鞋走不快啊。

读者越了解丽塔的真实动机，就越能理解为什么这样一位本来聪明博学的女性会追求像马克这样粗俗的男人，也就越支持丽塔爱上梅布尔的毛茸茸的小猫咪。

这就说到了冲突最明显的源头：故事的反派人物——在这个例子中就是马可。不过我们别管他那么多，他是一个自恋的家伙。我们关心的是丽塔，丽塔就是这个故事宇宙中的太阳，一切都围绕着她转。所以提到马可，我们只关心他的行为会对丽塔产生什么影响。

既然马可就是丽塔需要克服的障碍，那么保证他能真正带来巨大破坏就是件很重要的事。这一点可以说很关键，因为主人公能有多强大取决于对手给她造成的破坏性压力有多大。在想要看到证据这一点上，读者就像常把"眼见为凭"挂在嘴边的密苏里州人。读者不会相信任何人的自夸。任何人都可以说自己很勇敢、很大胆、很能干，但这能证明什么？这只能证明说话人是个吹牛大王、讨厌鬼，而且很可能是个胆小鬼。事实上，那些真正勇敢的人往往不会觉得自己很勇敢。

因此，这里的要点在于，故事反派人物必须能让主人公经历考验。也就是说，如果马可不是真的要成为丽塔理想中的男人，那他就必须使出浑身解数，让丽塔掉入圈套。因为丽塔真正需要的不是马可的爱，而是克服自身恐惧心理的能力，所以马可对丽塔的无情欺骗正好帮了她一个忙，迫使她去克服一直以来阻碍她获得幸福的障碍。而这正是读者想看到的。

或者说，大多数时候是读者想看到的。

因为还有最后一组对抗冲突要考虑：故事反派人物 vs. 仁慈（或者表面的仁慈）。没有人是坏到骨子里的，即使是变态狂也不例外。就心理变态者而言，他们的标志性特征就是假装有同理心的能力。像连环杀手泰德·邦迪这样的家伙，看上去和蔼可亲，似乎也很善良仁慈，但是最后却掏出胶带和钢锯，露出来真面目。这条"仁慈"规则暗含了"说不定"这一关键元素。虽说本性难移，但"说不定"马可会痛改前非。你希望有那么一阵子读者会这样想：诶，马可好像也没那么坏嘛。读者这样想的时候可能正是丽塔决定再也不见马可的时候，结果丽塔也放弃了这个决定。还会有那么一会儿情况似乎在往好的方向发展，然而就在这时，马可看四下无人，朝梅布尔家的猫猛踹一脚，结果我们又想：唉！这家伙……

为什么要这样安排？因为如果已经盖棺定论，那就很难保持悬念。哪怕是一点点"可能"，也会大有帮助。如果你笔下的反派形象（无论是女妖精，还是恶棍无赖，还是机械怪物）总是一坏到底，那还让他们露面干什么？只要让他们打个电话过来发出威胁就可以了。而既然知道来电者的身份，那谁又会去接这个电话呢？但是，如果主人公得了重感冒，泰德·邦迪端着一碗自己做的热气腾腾的鸡汤出现在她面前,那就是另一个故事了。也许他改变主意了,也许他往鸡汤里放了砒霜。重点是,正因为我们不知道是哪种情况,才会有悬念!

各种对抗冲突容易造成悬念,其原因在于,两种相反的欲望、事实、真理相互对立,必然会引发持续不断的冲突。它给了读者一些可以支持的东西,另一个衡量主人公进步的标准,一个洞见冲突源头的清晰视角。所以,你也许会感到很惊讶,为了隐藏悬念,创作者们经常费神费力地设计出巧妙的情节转折。

◎ 一个必然造成悬念消失的做法

我们很清楚,故事成功的关键是一开始就要抓住读者的心,而现在我们知道,要抓住读者的心,就必须制造悬念和紧张感,诱使他们进入故事世界中。然而,最流行的增加悬念的方法之一,却往往产生完全相反的效果。

神话:在"大揭秘"之前隐藏信息才能抓住读者的心
现实:隐藏信息往往毁掉了真正吸引读者的故事

首先,"大揭秘"揭秘什么?揭秘的是一个事实真相,当真相最终被曝光之时,它会改变人们对某些事的看法,也因此解释了一些原本令人困惑的事。很多时候,"大揭秘"改变和解释的是在故事中发生的所有事情。

大揭秘一般是故事接近尾声时的惊喜，它颠覆了此前发生的所有事件的意义。比如，达斯·维达在电影《星球大战》片尾大吼一声："卢克，我是你的父亲！"又如，电影《唐人街》最后艾弗琳·克劳斯·莫雷向杰克·吉特斯承认："她是我妹妹，也是我女儿。"再如，在电影《惊魂序曲》里，诺曼·贝斯穿上他已故母亲的裙子。

这些揭秘虽然是出人意料的，但是它们又让我们觉得完全可信。为什么？因为揭秘之前故事虽然讲得通，但我们总是摆脱不了一丝疑惑，总觉得故事背后还有隐藏的秘密，所以从头至尾我们都在努力发掘。我们能产生疑惑并努力拼接发掘，那是因为作者一直在给我们有迹可循的暗示。所以，尽管每个故事在揭秘之前都能说通，但一旦真相大白，整个故事就会显得更加合乎情理。

但是，有一点大家不要搞错了，只有当创作者的暗示有规律可循的时候，结局的揭秘才会立刻被读者认定为故事的终极真相。否则，最后的揭秘就会变成三个糟糕的结果之一：简便省事的结果、牵强附会的结果、偶然巧合的结果。这就像读一本谋杀悬疑小说，在最后一页，无辜的主人公即将走向绞刑架，而我们却发现真正的凶手竟然是他那邪恶的孪生兄弟，然而在那一刻之前，没人知道他的存在，我们甚至可以怀疑作者本人在这之前也没想到主人公该有个孪生兄弟。

这类故事的问题是创作者隐瞒了太多关键信息，所以读者不知道到底发生了什么，也没有办法去弄清楚真相。或者更糟糕的是，读者甚至不知道整个故事背后所暗含的内容。我曾读过一本五百页的稿件，主人公名叫弗雷德，是个不择手段的汽车公司高级主管，他把公司的前途押在一款新开发的轿车上。就在新产品被正式推出的前一天晚上,他发现这款车存在一个可能致命的设计缺陷。但弗雷德隐瞒了这一信息,仍然将其投放到市场上,结果自然是可以预见的悲剧。这部小说讲的就是如何将弗雷德绳之以法。整个手稿一直到第450页才揭秘。原来弗雷德早就被联邦调查局盯上了,从故事一开始他们就对他展开了秘密调查。原来,那几个跟他关系密切的人,包括他的情妇萨莉,从一开始就在监视他。但是这部手稿中没有提示、预兆,一点蛛丝马迹都没有。我问这位创作者为什么这么写,他笑着说这是有意为之,因为他在等着最后的大揭秘。

问题是,没有人会一口气读那么多。因为如果创作者竭力隐瞒信息,让读者一直蒙在鼓里,故事就没有了悬念和紧张感。真是过犹不及!回头看看,道理很简单:

如果我们不知道故事里藏着阴谋,那就不存在任何阴谋。

在故事结尾披露全新的信息,颠覆整个故事的意义,让读者回顾故事并重新阐释具体故事情节,虽然读者可能喜欢这样的做法,但这样做必须满足两个硬性条件:

1.故事发展过程中必须有"暗示"或"明示",而且必须有一定的规律模式可循,这一模式能让读者感到事情不是表面看起来那样,真相还藏在深处。而新转折的出现正好印证了这一点。

2.这些"暗示"和"明示"必须在"揭秘"之前就能独立显现,并能自圆其说。

回头再看故事,给故事填补情节空白,这绝不是读者会做的事。要读者这样做就等于让他们这么想:"嘿,盯着弗雷德看 450 页,的确很无聊,不过现在不是知道 FBI 一直在门外监听着他吗?那我就回头把整个故事重新想象一下吧。那些据说是他朋友的人?哦,原来他们身上都藏着窃听器呢。他的情妇萨莉?原来她从来就没喜欢过他。"

更糟糕的是,因为这一"揭秘",弗雷德的朋友们之前所做的一切都显得不真实。因为如果真的藏着窃听器,他们会紧张不安,会露出端倪,至少会他们的表情和动作会有不同。萨莉必然有一些行为举止,暗示她其实另有所图。当然,最宽容的读者也许会想:"嗯,我觉得萨莉既然是给联邦政府办事的,肯定受过专业训练,那她就不可能露出任何能让弗雷德看出来的蛛丝马迹。"没错,也许是这样的,但问题是,她隐藏自己真实身份的情节描述不会让读者觉得有趣,也不会增加可信度,因为读者明白肢体语言一定会反映一个人的内心,也明白人总有疏忽出错的时候。

不是说一定要让读者了解(或者怀疑)萨莉有什么隐藏的意图。但是一定要让读者感觉到她的某些行为有点不正常,这样就能引起读者的警觉,让他们意识到事情远不止眼前所见。你可能希望我们读者自己去找出暗藏的真相是什么。要做到这一点,你可以一路误导我们(但不是欺骗)。希区柯克的电影《迷魂记》(*Vertigo*)就是个很好的例子。辞职警探斯考蒂·弗格森受老朋友加文·艾斯特委托,帮忙照顾朋友的妻子玛德琳(一个年轻漂亮、麻烦缠身的女人),以防止她自杀。后来,斯考蒂爱上了这个神秘的"玛德琳",我们可以感觉到玛德琳对斯考蒂也有好感,也可以感觉到她不愿接受他的爱——这样故事就有了悬念和紧张感。我们很肯定地认为,玛德琳之所以有这些矛盾表现,是因为她不仅是有夫之妇,而且她所爱之人还是丈夫的好朋友,她有双重负罪感。不过这时我们还发现她似乎并不像艾斯特暗示的那么不正常。事实是,玛德琳确实爱上了斯考蒂,但是她并不是艾斯特的妻子,而是他雇来欺骗斯考蒂的托儿。当我们发现事情的真相时,稍微想想就会发现之前她的种种行为完全合情合理,这正好印证了最后揭露的真相。

我们把这个故事跟汽车公司主管弗雷德和秘密调查员萨莉的故事比较一下。创作者在不遗余力地隐藏任何暗示冲突的蛛丝马迹,只是单纯地描述他们之间的交往、幽会。因此,我们根本不知道除了字面描述的这些内容,还有什么事情正在酝酿之中,这样故事就会显得枯燥无趣。不过,创作者可不这么认为,因为他知道萨莉对弗雷德隐瞒了身份,这无疑让他非常兴奋。既然如此,为什么不让读者享受同样的乐趣呢?

◎ 一个悖论:要揭秘,先遮掩

处理得当的话,揭秘可以产生极好的效果。但现在的情况是,"揭秘"这一手法被滥用了,效果总是适得其反。究其原因,也许是因为创作者们似乎极少对自己提出这个关键问题:

从情节设计的角度来看,隐藏这一信息有什么好处?这样做能让故事变得更有趣吗?

我认为"揭秘"的误用往往源于一个根本性的误解,所以我们要先从这个误解入手。有些创作者知道激发读者紧迫感,使之急于了解后事如何十分关键,而且他们相信要达到这个效果就必须保守一些"秘密"。因为读者肯定会读下去，以发掘那个隐藏的事实。实际情况是这样的吗？他们忘了这个事实：首先得让我们读者想要了解这个秘密（当然不用说，我们得先知道有这么一个"秘密"存在）。因此，下面这两个做法绝无可能吸引读者：

- 对人物行为行动的真实动机严格保密，使得读者根本不会怀疑人物行为背后可能有潜藏的动机。
- 让我们知道确有个"秘密"存在，但却一直不澄清，以至于我们连细节都猜不出来。

这两种做法的问题在于，创作者们想当然地以为读者对故事人物的命运已经产生了足够的兴趣。可是悖论是，让读者关心人物命运的因素往往正是创作者隐藏的信息。究其原因，"揭秘"往往要求将最有意思的信息隐藏在笼统模糊的描述之中，而正如我们在第五章中看到的，这样做并没有什么好处。例如，虽然我们知道主人公鲍勃有个"毛病"，并且因此被炒了鱿鱼，但是作者决定先不让读者知道这个"毛病"是什么，也不让我们知道鲍勃从事什么工作，而是把这些细节留到最后再"揭秘"：原来鲍勃是只贵宾犬！它丢了"海洋世界"马戏团的工作，因为它觉得腾起后面两条腿在舞台上蹦蹦跳跳有辱尊严，所以它撒腿跑去追松鼠了。这样看起来好像有点意思。不过，作者如果为了这种效果而掩盖太多的细节，一不小心就会破坏最后的揭秘。所以，读到一百页左右，我们一直以为鲍勃只是个毛发浓密、运气很差的家伙，不然他也不会住在高速公路下面的板条箱里。这样下来，读者唯一的感觉就是不知所云。

因为透露其他任何信息都等于"泄密"，所以创作者让情节和人物一直处于模糊空泛的状态，这样做不仅束缚了故事的发展，往往也降低了人设的可信度。为什么呢？因为既然要把主人公最大的秘密隐藏起来，那故事就不能让主人公去思考这个秘密，而这个"秘密"本应该是他反复思考的心头大事。更严重的问题是，故事不能让主人公对实际发生的状况做出该有的合理反应，因为这样也会"泄密"。所以到最后揭秘时，他之前做过的事情就会显得不合常理，不是一个正常人在那种处境下应有的行为。结果，这样的"揭秘"只会让读者由失望而愤怒。

不过好消息是，我们还有另一种方法。

◎ 摊牌的妙处

如果直接把手里的牌正面朝上摊在桌上会怎么样？从制造悬念的角度来看，这样做能带来什么不同的效果？我们来做个小测试。

先以压牌藏牌的方式描写一个情节。比如，瓦尔在找深夜未归的室友伊妮德，附近找了一圈后，她很不情愿地敲了敲新来邻居霍默家的门，门开后，瓦尔给他看伊妮德的照片，问他有没有见到她的这个室友。他说没见过，但是看到瓦尔这么担心，就请她进屋喝杯茶缓一缓。瓦尔意识到自己可能有点小题大做，而且霍默看样子人也不错，于是就同意了。霍默泡了两杯热气腾腾的茶，叫瓦尔不要担心，说也许伊妮德只是临时决定拜访一位朋友。半小时后瓦尔离开，心情放松了，还在想霍默有没有女朋友。

好，现在完全保留这个场景，但同时让读者知道这个"秘密"：霍默就是凶手，他把伊妮德锁在了地下室。瓦尔喝茶的时候，伊妮德在地下室能听到他们的交谈,她正拼命想办法逃出去。这一次,我们的态度就没那么中立而坦然了,我们会为伊妮德着急,会祈祷霍默没在瓦尔的茶里放"蒙汗药"。

这样写,这个情节就紧张刺激了。

不过,这是否意味着你一定要把所有的牌都放到桌面上呢?难道不能在袖口藏几张牌留到后面用吗?当然可以,读者最喜欢被"戏耍"了,但条件是,真相一旦揭开,故事中的一切必须依然完全合乎情理——无论从事件发生的那一刻来看,还是在真相揭露之后再看,都必须合情合理。那么我们回到瓦尔和霍默的故事,这次的情节设计是伊妮德被霍默用胶带绑在地下室的椅子上,霍默和瓦尔在楼上说话的时候,伊妮德想办法解开了胶带,然后从地下室的窗户爬出来,跑回了家。现在我们一心盼着瓦尔尽快逃离这个魔窟,不要也被霍默绑架了。所以,看到她最后终于离开,我们长长地松了口气。

可就在霍默关门的刹那,他的电话响了,是联邦调查局打来的,说现在他们已经在路上了,还说他们不敢相信霍默只用一个星期就抓到了臭名昭著的钢锯杀人狂伊妮德·丁斯莫尔,而且他们刚刚接到线报说伊妮德又要出手,就在今晚。要杀的对象好像是她的室友,一个叫瓦尔的女孩。

紧张感再次袭来,有没有?事实证明,冲突不是一时的。冲突出自本能,源于内心,是你留给读者的空间,让读者有机会参与其中,想象故事的各种可能性。永远不要忘记:故事要在两种相互冲突的力量之间展开。如果你能使读者在阅读过程中一直都意识到主人公陷入了怎样的冲突之中,那么你就可以施展拳脚大干一场了。

第七章　自查要点

- **有没有确保冲突的种子从第一页开始就已萌芽？读者能否看见通向冲突的路径？读者能否预见主人公还没意识到的问题？**

- **有没有建立起"对抗组"？是否让读者意识到主人公陷入了怎样的两难境地？读者能否预见主人公要做何改变，以获得他想要的东西？**

- **这一冲突有没有迫使主人公采取行动，无论是把它合理化，还是真正做出改变？** 想象一下，如果你是故事主人公，你会逃避什么？你自己想逃避什么，就逼着主人公去做什么。

- **你能否保证把真相都留到"大揭秘"的写法一定会使故事更生动有趣？** 不用担心透露过多信息，因为最后多了可以再删减。直接摊牌通常是件好事。

- **"反转"的真相披露之时，之前发生的一切依然合理吗？** 记住，真相披露之前，故事必须完全讲得通，揭开真相之后，故事必须更合情理。

第八章
原因与结果

认知秘密:
从出生开始,我们大脑的首要目标就是构建因果关系:"如果这样,就会那样。"
创作秘诀:
故事从头至尾都应该遵循一个因果关系链条。

"人们假设世界存在一种因果法则:任何事件的发生都遵循这一法则,而不是随意地先后出现。"

——斯蒂芬·平克《心智探奇》
(*How the Mind Works*)

常有人告诫我们不要做假设。可是,我们真的能做到吗?让人不要做假设就等于让人不要呼吸。我们在不断地对每件事做假设,可以说,做假设和呼吸空气一样是我们赖以生存的基础。我们觉得过马路时不左顾右盼就可能被碾压,我们认为吃掉昨天剩下的金枪鱼酱可能会食物中毒,我们认定凌晨两点后电话铃响起肯定不会有什么好事,这些都是做假设。要是无须假设事情的结果,那我们何苦早起?所以我们离不开做假设。正如哲学家大卫·休谟(David Hume)指出的那样:"对于人类来说,因果关系是宇宙的黏合剂。"[1]

我们的假设有没有出错的时候?当然有,毫无疑问。安东尼奥·达马西奥有段话正好谈到了这一点:"一般认为人脑是一个被动的记录媒介,类似于电影胶片。感官探测器分析得出某个物体的特征,然后如实地映射到人脑这个'胶片'之上。眼睛是被动摄录的相机,而大脑是被动存储的空白胶片。这种假设纯属虚构。"

达马西奥解释道:"我们的记忆由于受到过去经历和自身信念的影响带有成见和偏好,这绝不夸张。"[2] 换句话说,我们做出的假设以自身经历的结果为基础。但我们不止于此,虽然其他几个物种也能进行基本的观察并预测将要出现的状况,但只有我们人类设法解释其原因。[3] 理解为什么"这件事"导致了"那件事",我们就能更好地预测接下来可能会发生的事情,据此决定我们要采取什么行动。做假设使我们能够预测未来,还可以进一步改变未来,使之更有利于我们自己。

至于有时我们的假设可能是错误的,其实大可不必担心。人非圣贤,容易犯错,正是我们对错误的接受让我们成为一个人。假设可能出错,但我们仍然这样做,就像明知最后结果可能和预想的不一样,我们还是鼓起勇气,大胆地去做。人们告诫我们不要做假设,是因为他们认为事情不会按你的计划发展。所以,他们这样说的真实意思是:你做的这个假设不对,再试试其他的假设。作家艾萨克·阿西莫夫(Isaac Asimov)精辟地指出:"在科学研究中,最激动人心的话语是预示着新发现的话语,不是'我找到了'而是'嗯……有意思……'。"因为,很多时候正如凯瑟琳·舒尔茨在《我们为什么会犯错》中所言:"我们以为这件事即将发生,而实际发生的却是另一件事。"[4]

"我们以为要发生的这件事情"与"实际发生的另一件事情"之间形成了冲突,故事便应运而生。然后,故事以清晰的因果关系形成事件情节链条。如果缺乏因果关系,故事呈现的就是"一件接一件随意发生的事情"。所以本章中我们将探讨如何保证故事遵循"如果……那么……所以……"这一准则;我们将探讨如何把故事情节的外在因果关系转化为更为有力的内在因果关系;我们还会探讨为什么"展示而非告知"这一原则强调的是"为什么"而不是"是什么";最后我们将介绍一个极为重要的测试(名为"所以呢"),

以保证因果关系链条不会偏离既定轨道。

◎"如果……那么……所以……"的逻辑性

我们现在知道，故事像人生一样受情感驱使，但是组织管理故事的是逻辑。如果说情感是"阴"，那么逻辑就是"阳"。我们的记忆就是我们对世界的理解，难怪记忆中的事件之间有着紧密的逻辑关系。根据达马西奥的说法："大脑管理纷繁复杂的信息和记忆，这在很大程度上类似于电影剪辑师的工作，赋予信息或画面某种连贯一致的叙事结构，在这个结构中，特定的行为导致特定的结果。"[5]

人脑以因果逻辑关系分析所有问题，如果故事没有明确的因果路线，大脑就不知道分析什么，这就可能激起读者把书丢到窗外的冲动，甚至引发生理上的不适之感。[6] 不过，好在我们有一个相当简单的魔法咒语，能保证故事不偏离因果关系的轨道，这句咒语就是"如果……那么……所以……"。**如果**我把手伸进火里（行为），**那么**我会被烧伤（反应），**所以**，我最好不要把手伸进火里（决策）。

行为－反应－决策：这就是推动故事向前发展的逻辑。从开头到结尾，故事必须一直沿着因果关系链条发展，这样编排故事不仅能让主人公的发展道路明确无误，而且事后回看时，正好揭示出为什么这种对抗冲突从一开始就不可避免。注意"事后回看"这个关键词。故事里发生的一切的确应该可以被预见，不过得是在"结局"揭晓之后，让读者感觉一切本该如此。

这并不是说故事必须是线性的，也不是说故事的因果链条必须按时间先后顺序排列——其实正好相反。故事可以在时间和空间上进行大幅度的跳跃,甚至可以倒过来讲述,马丁·艾米斯的小说《时间之箭》(*Time's Arrow*)、哈罗德·品特的戏剧《背叛》(*Betrayal*)、克里斯托弗·诺兰的电影《记忆碎片》(*Memento*)都是例证。即使是像詹妮弗·伊根的普利策奖获奖作品《恶棍来访》(*A Visit from the Goon Squad*)这样一本看起来颇具实验性质的小说,同样使用了常规的小说创作手法,尽管这本小说由独立的一个个短篇故事组成,讲述几个人物在不同时间发生的故事。正如伊根本人所言:"如果说故事具有实验性质,那就意味着实验会淹没故事本身。如果把故事写得引人入胜,让读者急于了解接下来会发生什么,算是传统的做法,那么我本质上是个传统主义者。故事的趣味性才是读者在乎的东西,至少是我读故事时关注的东西。"[7]

如果创作者想要创作读者乐意读的故事,那么故事的叙述必须从第一页起就遵循情感的因果链条。具体怎么做呢?首先要遵守物理世界的基本定律。关键要记住牛顿的热力学第一定律:能量不会凭空产生。或者记住同样睿智的爱因斯坦的妙语:"不动则无获。"换句话说,无论事情发生得有多么突然,它都不是空穴来风,不可能凭空出现。既然现实生活中不可能,那故事中也不行。因果关系链条一直存在,不管主人公或生活中的你我有没有看到它的降临。

空中飞驰的棒球即将砸中我们的脑袋,但此刻我们自己往往完全没有察觉,而从球手将棒球高高击飞的那一刻起,其他人却在一直盯着它。这个现象放到故事中我们会发现,虽然莱斯莉对她男友赛斯和会计部海蒂的私情毫不知情,可是在赛斯开始大肆夸奖海蒂做的电子数据表时，整个办公室的人都猜到了他俩关系不一般。因此，莱斯莉最终发现赛斯是个十足的大骗子，这件事情对她来说是新的信息，而她的同事们之前好几个星期都在打赌她会先对付谁——是赛斯还是海蒂。当然，一旦奸情败露，莱斯莉回想过去发生的一切，当然会发现原来有不少警示迹象，现在看来清清楚楚，这些迹象就像整齐排列的一串多米诺骨牌，一推就一个接一个倒下。

然而，牛顿定律在故事中的运作方式与其在现实生活中的方式之间存在一个差异。在现实世界中，会有数百万个相互无关联的事件同时发生，而在故事中，对因果关系链条没有任何影响的事件是不存在的。创作者要做的事就是锁定该故事特定的因果关联模式，并将其贯穿始终。承载故事情节的列车在这一因果关系链条构成的轨道上隆隆前进。轨道也许迂回曲折，高低起伏，甚至出现180度大转弯，但无论如何列车本身不会偏离轨道，一般也不会失去动力。

且慢，詹妮弗·伊根的确值得尊重，但是实验文学是怎么回事？先锋小说又是怎么回事？它们好像不受因果定律的束缚，也不受任何其他定律的束缚。事实上，有人说，实验小说、先锋文学的存在就是为了证明小说可以不需要情节、主人公、故事人物、内在逻辑，等等，甚至不需要任何实际事件，可以超越传统小说的一切。比如《尤利西斯》（*Ulysses*）——第一部一头扎入内省式意识流的小说，它不是广受好评，被誉为有史以来最好的小说吗？在小说问世的年代，它可是一部极具实验色彩的作品。那好，我们现在就来深入探讨一下这个问题。

神话：实验文学可以随心所欲地打破所有讲故事的规则，它是高雅艺术，远优于普通的小说
现实：难读懂的小说没人读

几年前，爱尔兰最著名的当代小说家罗迪·道尔（Roddy Doyle）在纽约乔伊斯纪念研讨会上说了一句话，语惊四座："《尤利西斯》本该找一个好一点的编辑。"话题打开后他继续评论道："人们一直把《尤利西斯》列入史上十佳作品之中，但我怀疑这些人中没有一个人真正被这本书打动。"[8]

也许，我斗胆猜测，他们根本没读过这本书。

人们喜欢攻读《尤利西斯》，部分是因为它太难读了，能把它从头到尾读完就是智力超群、耐力不凡的表现。可是无论他们多么聪慧，几乎没人真正喜欢阅读这本书。麻烦的是，即使没人阅读，这类书仍然能造成很大的危害。乔纳森·弗兰岑曾说："《尤利西斯》这类作品给普通读者传递了这样一条信息——文学作品极其晦涩难懂，同时也给有志于创作的年轻人传递了这样的信息——晦涩难懂是赢得读者尊重的途径。"[9] 真正的问题就在这里。

故事创作界有一个流派认为，读懂故事是读者自己的责任，创作者没有义务去传达故事的意义。许多实验文学的创作者毕业于这一流派并获得了高级学位。在他们看来，我们读者没读懂故事，那不是他们的责任，而是我们的原因。这种态度助长了他们轻视读者的倾向，同时免除了创作者的一切责任，作品成为纯粹的自我表达。他们想当然地以为，读者拿到故事就会兴致勃勃、迫不及待地

投入其中，仿佛读者天然就有义务替创作者咽下每一个字。

问题是，阅读那些没有情节、人物，甚至连基本的因果逻辑都看不到的小说，很快就成了工作。但这项工作又不同于我们乐于从事的大多数工作——比如每天走向办公室，在花园里除草，调教一只可爱的小狗，我们看不到自己千辛万苦坚持干到最后能有什么回报。当然，如果你就是想读一本刻意让你感到无聊的书，那就另当别论了（不过，这又违背了作者的创作意图）。所以，最近一个学生跟我说起的情况才是更为普遍的状况。这个学生刚刚获得一所知名大学的文艺学硕士学位。她向我倒苦水：硕士研究的必读书目中有许多书都把她整哭了，因为它们实在是枯燥无味、令人厌倦——虽然作者的初衷并非如此。

但是这种现象的背后还有一个更深的、更有趣的问题。既然故事是用来传递意义的，是能激发我们本能反应的意义载体，那么这些难读懂的小说到底算什么？它们究竟算不算故事？很多时候，答案是一个响亮的"不"字。不是说这些小说的读者不能从中学到东西——毕竟，我们从课本、数学方程式以及论文专著中都可以学到很多东西。而且，阅读过程中也可能有乐趣。但是这种乐趣不太可能来自阅读本身，而是一种解决难题之后的喜悦，一种令人陶醉的感觉，就像破解了周日报纸上的字谜，会让你感觉自己很聪明。这本身没有问题。

有问题的是这一错误的观念：一个人爱看一个故事，就意味着这个人和这个故事都低俗浅薄。正好相反，事实证明，一个好故事激起的本能的愉悦感，对我们人类的生存必不可少。人类经过千万年的进化，发现食物香甜美味，所以乐于进食，同样的道理，故事能激发我们的乐趣，所以我们愿意乐在其中。

好消息是，实验小说可以被用来满足读者的兴奋点。事实上，很多一流的实验小说家已经这样做了。说到这里，我们要再提一提詹妮弗·伊根。前面说到，她曾宣称作品成功的关键是要让读者急于知道接下来会发生什么，但是她后面还有一句话："如果我能在做到这一点的同时，把自成一体的想法和某种激动人心的突破性创作手法融入其中，那简直就是中了头彩。"[10]

要"中头彩"，就要找到一个叙事主线，给在你伟大的创作实验中的一切赋予意义。那么我们回过头来研究研究如何做到这一点。

◎ 因果关系的两个层面

无论是实验小说，还是传统小说，或者是介于两者之间的小说，其故事都是同时在两个层面展开：一个层面是主人公的内在冲突（故事真正讲述的内容）；另一个层面是外在事件（故事情节）。因果关系统管这两个层面，并使两者完美契合，从而形成完整的叙事主线。

1. **情节上的因果关系**作用于故事表层，一个事件合乎逻辑地诱发了下一个事件，如，因为乔戳爆了克莱德那只闪亮的红色气球，所以乔就被赶出了小丑学校。

2. **主题上的因果关系**作用于故事深层：意义层面。这层因果逻辑可以解释为什么乔这个人明知会被赶出学校还要戳破克莱德的气球。

既然故事讲述的是发生的事情如何影响一个人——比如乔这个

人，所以他弄爆气球的原因比他戳破气球这一事实更重要。简言之就是"为什么"比"什么事"分量更重。它们的优先等级可以这么排列："为什么"排在第一位，因为"为什么"导致了"什么事"。"为什么"是因果关系中的因，"什么事"是果。例如，假设乔知道克莱德是个秘密的小丑杀手，正准备利用这个气球把一个毫无防备的孩子引诱到无人的大帐篷里去。虽然乔一直以来的梦想就是和其他小丑一起挤进那辆小车，但他心里清楚，如果不出手阻止这场谋杀，他会恨自己一辈子，所以他弄爆了那只气球。由此可见，主题上的因果关系讲的不是主人公怎么从 A 点（在小丑学校）到达 B 点（离开小丑学校），它讲的是为什么会这样。主题上的因果关系理清了主人公的内在问题的演变（他行为的动机）。它揭示了他如何从自己的内在目标出发，去理解发生的事件和出现的状况，以及他是如何做出将自己推入下一个场景的决策的。

事实上，这正印证了那句经久不衰的老话："展示而非告知。"这样讲可能很多人会觉得奇怪。因为这句老话也是一句备受误解的写作格言。

神话："展示而非告知"就是字面上的意思——不要跟我讲约翰有多伤心，让我看到他痛哭流涕

现实："展示而非告知"有其内涵——不要跟我讲约翰有多伤心，让我看到他为什么伤心难过

要给创作者提点创作建议的话，那么第一条就是"展示而非告

知"。这的确是个好建议，但问题是，创作者并没有深入理解这句话，往往只看它的字面意思，以为"展示"就是让读者在视觉上看到外表的东西，就像看电影一样。所以创作者听到"不要告诉我约翰有多伤心，请展示给我看"这个建议之后，就咬文嚼字几个小时，描写约翰如何痛哭流涕："约翰失声痛哭，眼泪犹如暴风骤雨般倾泻而下，他把长期压抑在内心的一切都释放出来了，几乎淹没了整个地下室，切断了电源，还差点淹死了猫咪。"这样写不行啊！我们并不想看约翰痛哭（结果），我们想看是什么让他痛哭流泪（原因）。

"展示"的意思一般是："让我们看看事件本身的发展。"比如，约翰的父亲在股东年会上当着众人的面突然宣布将他逐出家族企业，这时你不要跟我们讲约翰哭成了泪人，而要给我们看到他被免职的情景。为什么呢？这里有两个非常充分的理由：

1. 首先，如果约翰被免职之后你再告诉我们这件事，那它就是个既定事实，也就没什么可以期待的。更糟糕的是，这件事情模糊不清，也就是说我们不能从中得到任何信息，因为我们甚至不知道具体发生了什么。但是如果你向我们展示这么一幅场景：约翰大步走进会议室，参加董事会议，他以为自己将会被任命为首席执行官，那好，这样的话什么事都可能发生（悬念就有了），所以我们得看看究竟会发生什么。也许他会通过恳求、要挟或者唱歌来重获父亲的恩宠，也许他会出人意料地先提出辞职，那他的痛哭可能就是喜极而泣。故事场景（甚至倒叙片段）必须是当前发生的，其发展变化有无限可能，一切都可能转瞬即逝，也可能发展壮大。而如果等事件发生之后再归纳出事件信息，那就是没人看的旧闻了。

2.再者，如果我们旁听这次董事会的过程，那我们可能了解约翰为什么被免职，约翰的父亲实际说了什么，约翰当时有什么反应，等等。这样我们对事件的动态发展和故事人物就有了全新的认识。我们在第六章中谈到的那些容易缺失的故事细节就隐藏在这里，正是这些隐藏的细节内容让我们深入了解故事里正在发生的状况，使我们对故事之后的发展有所预期。

换句话说，"讲述"出来的东西往往是从读者并不了解的事件信息中得出的结论推断，而"展示"出来的东西则是故事人物如何得出这一结论推断的过程、原因。因此，对"展示而非告知"准确的理解应该是："请向我们展示故事人物的思考过程。"我曾接触过这样一位作者，他作品里的主人公名叫布莱恩，布莱恩有一个习惯，经常发誓说永远不会做某件事情，可每次他又在没有任何特殊原因的情况下做了这件事。我觉得这样写降低了布莱恩这个人物的可信度，于是建议作者向读者**展示**他做决策的过程。后来我拿到的修改稿满是这样的段落：

> "求求你了，亲爱的布莱恩，我知道罗弗被咬之后你发过誓，说以后再也不养狗了，可我在流浪狗收留所看到一只长耳卷毛狗，它太可爱了。我们去收养它吧？"
>
> 布莱恩坐在沙发上，若有所思地看着窗外，手摸着下巴。时间一分一秒地过去。最后，他叹了口气，说："好吧，亲爱的，咱们去收留所。"

读了六七段这样的文字我才突然意识到那位作者的确听取了我的建议。很明显，他是在"展示"布莱恩做决策的过程。然而，他没有理解我这句话的意思。我说的是布莱恩做出这些决策的思考过程，即致使他改变想法的因果逻辑。通常"展示而非告知"说的是人物内在逻辑的演绎过程。比如这里的意思就是"不要告诉我布莱恩改变了想法，要让我看到他如何思考这个问题，为何最终做出了这样的决策。"

那么"展示而非告知"有没有可能指展示外部动作、事件？当然有可能，主要有以下两种情况：

第一种情况：我们已经知道了"为什么"。布兰达绝情地宣布和毫无思想准备的约翰分手，在描述这一悲伤的场景时，作者肯定想把"约翰很伤心"这一信息转化为约翰表现得很痛苦的视觉形象。作者可以写他流眼泪，可以写他说话声音颤抖，可以写他肩膀耷拉下来，甚至可以写他像胎儿一样蜷缩在地板上呜咽、啜泣。但是，有一点十分重要，约翰的任何行为表现都必须向我们传递一个我们原本不知道的新信息。或许我们会震惊不已，像约翰这样五大三粗的男人居然也会哭鼻子，他肯定比我们想象的更敏感。或者，约翰本来一直假装自己毫不在意，可是看到他垂下的肩膀时，我们意识到其实他是在意的。

第二种情况：当前的叙述对象是纯视觉性的。契诃夫（Anton Pavlovich Chekhov）有句名言："不要跟我讲月亮有多亮，不如拿一块碎玻璃让我看看它反射的月光。"不过，我斗胆补充一点：如果的确有一块碎玻璃反射月光，最好要告诉我们那里为什么有一块玻璃碎片。可以是直接的字面上的原因，因为有人要踩在上面，所以提到了这块玻璃;也可以是间接的隐喻上的原因,比如:"约翰父亲的宣告几乎把他撕成了碎片。"

◎ 测试:"空口无凭,拿出证据来"

无论是从内在还是从外在来看,故事都是围绕主人公能否实现目标这个问题展开的,所以,因果关系的车轮每次转弯,无论大小,都必须使主人公更接近问题的答案。怎么做呢?必须毫不留情地剔除任何挡在他面前的东西,无论是正当的理由还是牵强附会的借口,一直到非赢即输的关键时刻。这就有点类似于抢座位游戏,只不过每把椅子和被淘汰出局的原因是独一无二的。也就是说,混乱中有规矩,每一对因果关系合乎逻辑地激起另一组特定的因果关系。每个场景中人物做的"决策"都由下一个场景中人物的"行为"加以检验。换句话说,每一个场景必然会诱发下一个场景。

可以把这个过程看成一次检验:"空口无凭,拿出证据来。"每次主人公做出一个决定,对自己说:"没错,这是正确的选择,原因是……"坐在后座上的"故事"老板就歪嘴一笑:"哦,是吗?拿出证据来。"这里有个大家都好理解的例子:感恩节那天,你又吃撑了,撑过头了。你艰难地脱掉原本宽松的衣物,肚子依然鼓胀,还觉得有点恶心,于是你发誓明天连一口剩菜都不吃——谁说你没意志力?你对达到这一目标有十足的信心,因为此刻想到吃的你就恶心。那现在这些你都有了:行为、反应、决策。

镜头切换到第二天早上。你的计划进行得相当顺利——不过只在一小段时间内。之后,你突然发现自己饿了,好像之前从没想到会发生这种情况。因此，今天的"行为"就是对昨晚的"决策"的检验。那你会怎么做？如果你和我一样，你就会对自己说，吃胖一点是你对社会规范的反抗，然后你决定吃个痛快，吃到宽松的肥仔裤变成紧身裤。这又导致你做出另一个决策：明天早上起来查查胃束带手术是怎么回事，看看保险有没有涵盖这类手术。这又加大了赌注，你说是吧？

◎ 张力的最大化

为了保证故事的"赌注"不断增加，你得给每个"原因"加足火力，这样才能爆发出一个出人意料却又合乎逻辑的"结果"。例如，在电影《毕业生》(*The Graduate*)中，本杰明·布拉多克本来不想跟鲁滨逊太太的女儿伊莱恩谈恋爱，可是他的父母要求他跟伊莱恩约会，于是他想了个办法：他可以跟伊莱恩约会，但约会时装成没教养的流氓的样子，这样她就会主动远离他了。好，问题解决了。带着这个计划，他颇有信心地展开行动。他的计划达到了预期的效果，只是多了一个意外的结果：他爱上了伊莱恩，可伊莱恩已经彻底疏远了他。也就是说，他解决一个问题的时候诱发了一个更大的问题。为了解决这个新问题，他做出了一个新的决策：想办法赢得伊莱恩的芳心（没怎么想过万一她问起他以前的女朋友时，他该怎么回答）。

同样地，你的目标是确保每个故事场景都能有效地运用其特定的"行为–反应–决策"因果链，激发最大的紧张感，加强冲突。在场景开始时不妨问问自己："故事主人公在这一幕中希望发生什么事情？"确定了这一点，再问问自己："什么状况处于即将发生变化的紧要关头？"换句话说就是："主人公要付出什么代价才能得到她想要的？"弄清楚了这些问题，你就可以写这一幕了。写完这一幕，别急着进入下一个场景，先想想下面几个问题：

- 主人公有没有变化？他应该在开场的时候是一种感觉，在结束的时候又是另一种感觉——往往跟开场的感觉完全相反。
- 主人公权衡利弊，根据事情的轻重缓急做出决策之后，他对事情的看法是不是和这一幕开场时不一样？
- 读者是否知道他为什么做出了这一决策？是否理解他是如何得出这一结论的？是否理解选择决定背后的逻辑，即使他的逻辑是错误的？读者能否看出这样的结论如何改变了他对周围事情的看法？读者是否知道他是如何相应地调整自己的作战计划的？

你会再一次发现：主人公对当前状况所做的内在反应不但决定了接下来发生什么，而且赋予了当前事件新的意义。我特别强调这一点，是因为这是许多故事无可挽回地走向失败的转折点。发生了某件事，但是我们根本不知道它对主人公有什么影响，也不知道主人公如何看待这件事，这件事不会影响故事人物的内心情感，因此也就没有推动故事发展的"火力"。由于主人公外在反应的原因不明，也就是说，我们不知道她的反应是什么，也不知道是什么诱发了她的这种反应，所以虽然故事中的确发生了事件，但故事本身却停滞不前。

◎ 因果关系并不意味着一切都可预知

不要觉得这些因果关系会使故事平淡无奇。虽然情节发展路线可能从第一个多米诺骨牌倒下的那一刻起就已经确定，但这并不意味着读者可以预知一切。准确把握外在因果关系与内在因果关系之间的关联，你就可以以读者喜欢的方式调动他们的阅读兴趣。以下四个方面的不可预知性是读者乐于接受的：

1. 故事有一个清晰的因果关系模式，使得读者可以专注于所有故事万变不离其宗的核心问题：面对避不开的障碍，主人公会怎么做？还记得前面讲的"对抗组"吗？总是存在相互冲突的渴望、恐惧，因此主人公总是会面对矛盾的选择。就像人生一样，没有什么事是轻而易举就能做到的。

2. 自由意志的假象。某人有可能做某事，并不意味着他真的会去做这件事情。也就是说，一个行为可能激起多种多样的反应，继而引发不同的决策。（虽然到最后，当一切都显露出来的时候，回看人物之前的反应和决策，会发现其实那是他当时唯一的选择。）换言之，故事发展中看似自由意志的产物，其实是命中注定的结果。

3. 和我们一样，故事人物也容易误读信息，误解形势，固执地一错到底 [参看经典电视剧《我爱露西》(*I Love Lucy*)]。

4. 记得那些作家喜欢藏在袖口的纸牌吗？有策略地揭示新的信息，能使主人公改变对信息揭示之前所有事情的看法，当然也会改变读者对主人公动机的理解。

注意，故事由主人公的内心冲突所推动，所有可能出现的情节转折，通常都是因为主人公试图以最小的牺牲换取最大的利益。和现实生活一样，这样做往往只会使情况变得更糟糕，这一点我们将在下一章深入探讨。这样写并不难，我们有很多极富创意的方法，可以让主人公搬起石头砸自己的脚。我们的目标是预先确定他的动机，这样在他扣动扳机的那一刻，读者会既感到意外又觉得尴尬。"原来如此！"读者会说，"我怎么没看出来呢？"

如果故事不遵循因果关系定律那会怎么样呢？答案是，后果很严重。

◎ 没有原因的结果

假设主人公芭芭拉意外陷入困境，作者设计了一个情节，及时解救了她。作者写完这一段就把这一情节完全抛在脑后，他没想过，如果一个场景引入了某个事实或某个人物来解决问题，那这个场景就会长久地盘桓在读者的脑海里。我们读者会本能地预测接下来可能发生的事情，我们的预测来自对规律模式的分析。熟悉的模式安全可靠，如果故事情节偏离了模式，我们就会收到和《迷失太空》(Lost in Space) 里的机器人发出的类似警告："危险！威尔·鲁滨逊。"然后我们就会警觉起来。而这种偏离随后就成为我们用来评价人物行为的滤镜。[11]

比如，假设芭芭拉有个居高临下的色狼上司，名叫罗纳德。有次他们工作到深夜，罗纳德坚持要开车送她回家。她的心沉了下来，但还是接受了——她需要这份工作。他把车停在她家车道上时，她松了口气。可是当看到他迅速跳下黑色大 SUV 过来给她开车门时，她知道麻烦来了。看到他那色眯眯的笑容，她坚持说自己可以进去。但罗纳德的态度很坚决，他说绝不会让一个毫无防御能力的女孩子单独回家，万一她家里有强盗怎么办？说完，他伸手搂住了她的腰，芭芭拉明白她得有所行动了，否则她会有大麻烦。

也就是说，作者此时必须让芭芭拉在不得罪罗纳德的情况下逃出他的魔爪。于是，作者笔锋一转：芭芭拉面带微笑，转向罗纳德，用低沉的声音说道："别担心，我有枪。当然，2006 年从特种部队退役以后，我的技术可能退步了。不过，从你站的这个位置向外方圆半英里之内，我有把握击落任何移动的目标。"说完她故意把手伸进包里。罗纳德没等看清楚她掏出来的是 38 口径的手枪还是她房门的钥匙就快步爬进车里，开车溜了。那么问题就解决了。

只不过从那以后，读者将有所期待，会想着什么时候会发生什么事情，让芭芭拉真的掏出手枪来自卫，或者迫使她承认自己其实根本不知道特种部队是做什么的，只是曾经在汤姆·克兰西的小说中读到过类似的东西。然而这个情节所造成的破坏不止于此。总之，引发和故事没有任何关系的期待，会改变读者对之后发生的一切的理解。

假设芭芭拉的故事的立意为一篇轻松浪漫的女性文学作品，故事中芭芭拉正在追求一位有些理想主义的年轻医生凯尔，她最大的难题就是使凯尔相信她和她那猥琐的上司罗纳德没有不正当关系。问题是，从她提到自己具有特种部队背景那一刻开始，读者读到的故事就不再是一个轻松浪漫的故事了。阅读的一大部分乐趣在于猜测后面会发生什么事情，期盼它的到来，因此读者会自行编织各种可能的情节，而你身为创作者当然想让读者猜测的情节与你正在讲述的故事相关联。你肯定不希望读者出现这样的疑问："嘿，如果芭芭拉真是特种兵，那她为什么会在德梅因市化肥厂给罗纳德这么低俗的家伙打工呢？嗯，难道他们用化肥造炸弹？她男朋友凯尔对自己的过去是不是有点讳莫如深？是的，他说他曾经在'无国界医生组织'工作过，可谁能保证他背地里没干点贩毒的勾当呢？有没有可能……"如果读者这样的想法越来越多，他们就会偏离故事原来的轨道，进入一个截然不同的自我编造的故事里。

你给故事添加的每个情节都像落入清水中的一滴油彩，它一圈一圈扩散开来，把里面的所有东西染上颜色。就像生活一样，新的信息让我们重新评估之前所有信息的意义和情感分量，并以新的眼光看待将来。在故事中，新的信息必然影响我们对整个故事情节的理解，影响我们对每个细节的解读，而这同时会使我们对后面可能发生的事情产生特定的期待。既然故事的诱人之处在于让读者自己找到故事的内在联系，进而产生兴奋激动的感觉（我们都是多巴胺瘾君子），那么这些内在联系必须客观存在于故事之中。如果缺少内在因果联系——作者无意中插播了一条和故事本身没有丝毫关系的信息，那么读者心中的故事就偏离了故事实际的发展方向。所以，在罗纳德开车离开之后，虽然作者彻底遗忘了芭芭拉在特种部队受训的事，但是读者没忘。就这类情况，契诃夫曾向希丘金指出："如果你在第一章说有一把步枪挂在墙上，那么在第二章或者第三章就必须让它开火。如果你不准备用这把枪，那就不要让它挂在那里。"[12]

◎ 做一道简单的数学题

因果关系原则可能让很多创作者感到为难。如何理清每件事情的前因后果？怎么避免无意间误导读者？正如哈佛大学心理学教授丹尼尔·吉尔伯特（Daniel Gilbert）所说的"每个行为都有其原因和后果"，也许我们可以把它当作一道化繁为简的老套数学题。

首先，简要回顾一下我们前面讲到的因果关系运行法则：

- 每个场景的出现都在某种程度上源自前一场景中人物所做的决定。
- 每个场景都必须通过人物对正在发生的事情的反应推动故事的发展。
- 每个场景都必然引发下一个场景。
- 每个场景都必须反映人物内心，让读者能够洞察人物行为背后隐藏的动机。

所以，你可以通过问自己以下问题，判断某个场景是否构成整个故事因果链条中的一环。

- 这一场景有没有透露一条关键信息？如果缺乏这一信息，后面一些场景就不合理。
- 这一场景是否展示了一个读者能够看到的明确的原因（即使其"真实原因"要到后面才揭晓）？
- 这一场景有没有提供一些线索，帮助读者理解各个人物行为表现背后的原因？
- 这一场景有没有提高读者对某一即将发生的具体行为的期待？

然而，所有这些问题都可以归结为一个问题：如果把这个场景砍掉，之后发生的事情会有什么变化吗？借用已故律师约翰尼·科克兰的话："如果答案是'没有'，那就一定要把它去掉。"我可没说这个过程会很轻松愉快，但如果你全身心地投入故事创作，结果却因为几个看似美妙的场景偏离了整个故事的主题，那也不好受吧？

◎ 为什么跑题是致命伤

回想一下以前读小说时的情景，你一页页翻过去，迫不及待地想要知道接下来会发生什么，还记得那时你心里的感觉吗？那就是一种发自内心的冲动，其实这就是大脑让你全神贯注的方式，训练你更好、更快地汲取以后可能用得上的信息。

好，现在我们把故事想象成一辆小汽车，它正在以100公里的时速疾驰。你已经把自己交给了这辆疾驰的小汽车，你与故事融为一体。突然，道路左边一片美丽的花田引起了创作者的注意。于是，他踩下刹车，停车去草地上玩，而你则一头撞上了挡风玻璃。他只是开心地玩了一会儿，然后就重新上路。此时故事仍然能以100公里的时速前进吗？不会，因为它刚才已经停下来了，这就意味着故事现在的速度为零，即使创作者能把你哄回来继续上路。很有可能它再也达不到以前的速度，因为你已经不再那么信任这位创作者了。他曾经无缘无故地停下来一次，谁能保证他不会再来一次急刹车。而且这种偏离路线的行为打断了因果关系链条，你对故事正在发生的事情就失去了准确的理解。你很可能还在想草地上嬉戏这一幕是怎么回事,该怎么把它融合到故事中去,而事实上,这一幕根本无法融入故事。这也就意味着你对故事当前正在发生的事情没有那么专注了,你也许会错过那个让故事回到正轨的转折点。

所以说,朋友们,一有跑题的倾向,你就得狠下决心,忍痛割爱,别让离题的场景毁了你的故事。马克·吐温曾说:"一本书的成功不在于它里面有什么东西,而在于它删去了什么东西。"[13] 我想他说的就是这个意思。

保持高度警惕是必需的,因为离题的程度和形式多种多样,可能是错位的倒叙,可能是游离于故事之外的次要情节,也可能是一些细枝末节。任何一条读者不需要知道且因此也不知道如何解读的信息,都是跑题的内容。牢记以下几点,你就可以少犯跑题的错误:故事里的一切都必须有其存在的理由;故事里的每个事件都必须符合因果关系原则;故事里的每一个信息都是读者当前必须知道的信息。所以,对故事的每个细节,你都必须无情地追问一个问题:"然后呢?"

因为如果你不这么问,读者会问。

◎ 追问:"然后呢"

当你自问"然后呢"时,你追问的是这个片段的故事相关度。这个片段透露了哪些读者必须知道的信息?其意义何在?有没有推动故事的发展?会导致什么结果?如果你能回答这些问题,那太好了。可惜,你得到的答案经常是:"唉,没有。"

举个例子,假如在电影《生活多美好》中无端地插入一个乔治·贝利学习用假蝇钓鱼的场景。你会挠挠头,心想:"为什么讲这个呢?"也许你可能会想,这会不会是个象征,大概是"授人以鱼,不如授人以渔"的意思?而在你思来想去的时候,你可能就错过了一个关键情节:比利叔叔无意中把八千块钱卷在报纸里,报纸又无巧不成书地落到了波特手里。接下来很长一段,你都会感觉不合情理。由此可见,即使乔治学钓鱼学得很开心,我们也没必要了解这件事情。也就是说,这个学钓鱼的场景没能扛住我们的追问:"然后呢?"也许正是这个原因,导演弗兰克·卡普拉明智地把这段剪掉了。

那你的故事呢?有没有偶尔溜达到别的地方?那些地方可能有趣,但与故事无关,所以很可能会挫败读者寻求因果关联的本能。何不拿出红笔,向它们宣战?不要有任何顾虑。在你动笔给故事瘦身的时候,不妨牢记塞缪尔·约翰逊(Samuel Johnson)给作者的一条建议:"仔细阅读你的作品,碰到你觉得特别精致的片段,就把它删掉。"[14]

第八章 自查要点

- **你写的故事是不是从第一页起就沿着因果关系链条前进?故事中的每个场景是否都是由前一个场景引发的?** 是否像排好的一列多米诺骨牌,轻轻碰一下第一个骨牌,后面的就会一个接一个地全部倒下?每个场景都是对前一个场景所做"决策"的检测。

- 故事因果关系链条中的每个环节是不是都是围绕着主人公的追寻目标（故事问题）展开的？如果不是，请把它删掉，就这么简单。

- 故事的外在事件（故事情节）是不是由主人公内心不断演进的因果关系链条触发或驱动？我们不关心飓风、股市崩盘、外星人占领地球之类的事件本身，我们关心的是这些事件对主人公追寻目标有什么影响。

- 故事主人公做决策的时候，她如何得出了这个判断，进而做出这个决策，尤其是她如何改变了主意，这个思考转变过程是否清晰可见？别忘了，不要因为你知道主人公在想什么，就以为你的读者也知道她在想什么。

- 是不是每个场景都遵循"行为-反应-决策"这一模式？它就像华尔兹三步舞。脑海中牢记这个节奏：行为-反应-决策。运用这个节奏推动故事走向高潮。

- 针对故事中的每个片段，你能否回答这个问题："然后呢？"像四岁的孩童一样，打破砂锅问到底。一旦回答不出来，你就该明白你在这个地方跑题了，或者有其他可能毁掉整个故事的杂质。

第九章
会出问题的地方一定会出问题

认知秘密：
大脑借助故事模拟我们在将来会如何应对困境。
创作秘诀：
故事要做的是把主人公置于一系列严峻的考验之中，主人公做梦也想不到自己能通过这些考验。

> "如果暴风雨中能下船,那没人可以成功漂洋过海。"
>
> ——佚名

有句老话说得好，敏锐的判断力来自经验教训，而经验教训得自错误的判断。问题是，错误的判断可能是致命的。比如，错误的判断使你忽视每次踩下刹车踏板时那奇怪的嘎吱声，使你迟迟不去检查大脚趾上那颗形状古怪的痣，使你把全部家产交给那个号称每次购买基金都能获得高额利润的家伙。更糟糕的是，错误的判断会导致你的社交生活脱离正轨——这比我们通常意识到的要重要得多。正如神经精神病学家理查德·瑞斯塔克（Richard Restak）所言："我们是社会性生物，归属感是我们生存的基本需求，就像我们对食物和氧气的需求一样。"[1]人生要面对无数困境，正确的判断是我们摆脱困境的关键，而获得良好的判断力，必须学习他人的经验，学习他人经验是最安全的方式，通常也是最好的方式。莫非故事就是为学习他人经验而设？

神经科学家、认知科学家、进化生物学家花了大量时间研究这个问题：既然大脑总是在努力辨别什么是安全的，什么是危险的，那为什么它会允许我们暂时忘记残酷的"现实世界"，沉迷于虚构的故事世界？[2]要知道，大脑只会加工绝对必要的信息。因此，正如神经科学家迈克尔·加扎尼加所言:"大脑似乎有一套奖励机制,使我们乐于阅读虚构故事,也就是说,虚构的体验对我们有好处。"[3]

为什么一个写得好的故事能让大脑释放出神经快感,使我们摆脱日常生活中无止境的混乱与无序?从人类生存的角度来看,故事对我们有什么好处?好处就是,通过阅读故事,我们可以安心地坐着,间接地体验别人遭受的种种厄运,在这个过程中学得经验,万一有类似的毒箭射向我们,我们可以灵巧地躲开。

如斯蒂芬·平克所言:"在故事里,作者将一个虚构的人物置于一个假定的情境中,让读者去探索其结果。除了人物及其处境,故事世界中的其他一切都是真实的,现实生活中的常识和一般规律在故事世界中同样有效。"[4] 既然我们天生就能感受到主人公的感受,那么从个人体验的角度来讲,主人公吃蛋糕几乎就等于我们也将吃到这块蛋糕。当然,这正是问题的关键。

故事主人公相当于一只小白鼠,这话也许不好听,但正因为有小白鼠代我们经受磨难,我们就不必再受此苦。不过,小白鼠有"善待动物组织"捍卫它们的权利,但主人公却孤立无援,而且总是麻烦不断。认知心理学家基思·奥特利(Keith Oatley)和雷蒙德·马尔(Raymond Mar)写道:"故事主人公和他的爱人痛苦地分手,这样的情节总会让我们情不自禁地思考:如果自己面对同样的情况会怎么样。由此体验和思考得来的知识,无疑有助于我们应对现实生活中的类似状况。"[5]

最关键的是,故事主人公一定要经历磨难,否则,她不仅没有东西可以教给我们,我们也没有理由去关心她的遭遇。当然,要让主人公经历磨难，说起来容易，做起来难。所以，本章将探讨为什么设计一个陷阱让主人公栽个大跟头其实是在帮他；为什么纯文学小说的主人公要比通俗小说的主人公经历更多的磨难；如何确保主人公的麻烦不断；为什么有些创作者觉得不能对笔下的主人公太苛刻；最后，我们还将细数挫败主人公小算盘的十一种阴险手段。

◎ 没有付出就没有收获

你有没有怀疑过，也许，只是也许，在某个微不足道的细节方面，自己有那么一点点施虐狂的倾向？没关系，因为无论你有多爱笔下的主人公，你作为故事的创作者都必须编织故事情节，迫使主人公直面自己一直回避的问题。她越是努力，你给她制造的困难越大。她的好心善行总是得不到好报。当然，你也要偶尔让局面平静下来，但这样做只是因为你正准备让她摔得更重。你要让她放松警惕，最好在她最不希望遇难的时候给她致命一击。你绝对不会因为证据不足而假定她无罪，虽然你明知她完全是无辜的。因为如果你这么做，她就失去了她的英雄地位。

其实你这样做并不是因为你是个施虐狂。套用一句以前用来教育小学生的话，你这样做完全是为她好，因为你想让她发挥出自己真正的潜能。为此，你要给她提供持续不断的支持。每个人都说想要做最棒的自己，只不过要从明天或后天开始，等时机成熟的时候再说。傻孩子！世上没有所谓成熟的时机，有的只是此时此刻。那么现在你的任务就是把主人公原本平静的生活搞砸，把她从安乐椅中拉起来，推到残酷的竞技场中去。故事就是一场难度不断加大的挑战，其目标就是证明主人公配得上她所追求的东西。这就意味着，为了助力主人公的发展和成长，即使你百般不情愿，也必须对她下狠手。你要推她上刀山下火海，即使她痛苦地挣扎扭动，即使她哭喊求饶。因为，你肯定不希望所谓的英雄是个徒有其表的花瓶。

且慢，你也许在想，这只是通俗小说的情况吧？都说通俗小说才受情节驱动，所以创作者必须编织大量的故事情节，把故事逐步推向高潮，最后揭晓结果。纯文学小说并不需要像真实情节那样做作又肤浅的东西，因为它们是由角色驱动的。纯文学小说仅须截取生活的片段，等等，对吧？

说实话，不对。事实上，错得离谱。

神话：纯文学小说由故事人物本身推动，因此不需要情节
现实：一部纯文学小说中的情节与通俗小说中的情节一样多

与通俗小说相比，严肃的文学作品没那么热衷于描述"大"事件，正因此，纯文学作品其实比杰姬·科林斯的任何作品都更需要精心设计的情节。纯文学小说为了阐明更深奥、更微妙的主题，情节必须有更多的层次，更错综复杂，要经过更为精心的编排。依靠人物本身推动故事发展的小说不太依赖沉船、流星、海啸等外部大事件，而是更多地凭借一个未察觉的手势、一次快速的点头、一瞬间的迟疑。在大师的手中，这些细节产生的效果比一场九级地震更为震撼人心。但是，你别搞错了，纯文学小说还是围绕主人公必须勇敢面对的一系列不断升级的挑战展开，因为无论主人公经历了多少磨炼，她还是必须有一种强烈的欲望。如果她的欲望没有推动她去接受考验（没错，就像商业文学讲的一样，所谓"火的洗礼"），那么这个主人公和她的故事将会永远平平无奇。记住：故事必须围绕那些能迫使主人公直面其内在问题的事件展开，而主人公难以解决的内在问题正是纯文学小说更易于表现的内容。所以，请不要迷信这一陈旧的观念，纯文学小说并非不需要情节，相反，从某种意义上说，它更需要情节设计。

◎ 案例研究：《苏利文的旅行》

好，现在我们已经知道，为了让故事里的主人公成为众人关注的焦点，无论我们多爱这个主人公，都必须让他经历一个多事之夜。多事之夜？有多少麻烦事？一开始，只是稍微有点考验。起初，主人公的追求看起来很容易实现——当然只是在他自己看来容易。因为这和在现实生活中一样，如果他早知道那看似容易的目标需要他付出辛酸血泪才能达成，那他可能都懒得爬起来。幸运的是，故事的主人公和我们自己，都不知道追寻的过程会有多么艰难。比如，普莱斯顿·史都尔奇斯（Preston Sturges）1941年执导的经典影片《苏利文的旅行》(*Sullivan's Travels*)，主人公约翰·L. 苏利文是一位小有名气的青年电影导演。他厌倦了执导那些票房高却很无聊的喜剧片——比如，他最新拍的一部电影《嘿，在干草棚里》(*Hey-Hey in the Hayloft*)，听名字就知道有多无聊，他想拍一部严肃的作品。他说："我希望这部影片能够反映人的尊严……真实地刻画人类遭受的苦难。"忧心忡忡的制片人提出:"要不在里面加点性元素?"我们主人公当然置之不理。[6]

当有人指出苏利文本人并没有经历任何苦难时,他立即同意了,不过他并没有放弃,而是决定用一个简单的方法来解决这个问题。他要亲自经历苦难,那有多难呢?他来到服装部,挑出一身破烂衣服,在助理的协助下穿上,然后坐车出城,口袋里只留了一毛钱。可是他并没有经历什么苦难,只是被一个碰到男人就发狂的中年寡妇戏弄了一下,很快他又回到了好莱坞。

当他意识到受苦这种事似乎并不那么容易时,他决定再次出发。但是电影公司担心他会陷入真正的麻烦之中,所以坚持出动了整整一车的"保姆"跟着他——以防万一。这一次出行他只碰到了一些傻瓜,让他遭了点罪。当这样做行不通时,苏利文提出抗议,不要随从,再次上路,最后终于和一伙真正的流浪汉一起偷扒火车。这一次他见识到了真实的苦难和可怕的贫困。他和其他流浪汉一样忍饥挨饿,席地而睡,可是一时的落魄和真正的贫穷之间毕竟有很大差别,苏利文回到家依然是有钱人。所以,第三次尝试失败。他这次计划没有成功是因为他自己对这种不舒服的生活感到难以坚持,浅尝辄止不足以得到深切的苦难体验。

此时苏利文真的准备放弃自己的计划,他要返回好莱坞把事情想清楚。他做了各种尝试,结果每次都和他期望的相反,那这样做有什么用呢?此外,他开始怀疑窥探人们的苦难是不是有些卑鄙。这种感觉就像调戏命运之神。都说你想要什么就得防着点什么,你要是不尊重命运,它就会横插一杠,让你吃点苦头。一个流浪汉偷了苏利文的鞋子,鞋子底部缝有电影公司成员的身份标记,后来这个穿了苏利文鞋子的流浪汉被火车碾成了肉酱。警察发现了鞋上的标记,于是宣告苏利文死了。

然而,苏利文这时却遭遇了真正的苦难,他被毒打了一顿,本来准备回好莱坞之前把身上的五美元纸币分给流浪汉们,现在也被洗劫一空。浑浑噩噩中,他攻击了一名铁路警察,于是被抓了起来。他对警察说出自己的身份,以为事情到此结束。可是,他拿不出身份证明,而且此时各大报纸头条都是他的死讯,谁会相信他的话呢?没人信。于是苏利文获刑,被送往囚犯劳教所。在劳教所里,命运把他曾经努力追寻的东西赐给了他,他终于得到了无法逃脱的人生苦难。他的目标实现了。现在,回到好莱坞,他就知道怎么拍一部真实反映人生苦难的影片了。

不过,他最后得到的感悟和他的初衷完全相反,因为此时他切身体会到,受苦的人们最不希望看到的就是更多人遭受苦难。他们希望摆脱苦难。他们想开怀大笑,想暂时忘记生命中的一切不幸。他们要看像《嘿,在干草棚里》这样的电影,感受到生活可以傻得很美好。

所以,最后我们发现,在这个故事中,凡是可能出问题的地方都出问题了,不太可能出错的地方也出问题了。苏利文拥有一个优秀的故事的主人公通常会获得的经历:颠沛流离,兜兜转转一圈之后,又回到了自己当初出发的地方,不过此时的主人公对世界有了新的看法。这世界没有变,变的是他自己。

要是该片编剧兼导演史都尔奇斯笔下留情的话,影片讲到不管苏利文怎么努力也体会不到丧失公民权之苦的时候,就可以结束了。不管怎么说,他不是已经尽力了吗?所以可以说这个任务也完成了,对吧?其实没有,因为在苏利文发现自己身陷囹圄、走投无路之前,一切都是按照他自己的意愿发展的。一个按照自身意愿进行的考验根本算不上考验。这一点史都尔奇斯很清楚,所以他在关键时刻没有出手让苏利文免受牢狱之灾,他袖手旁观,让生活给苏利文一记耳光。这样做,其实帮了苏利文一个大忙。俗话说:"从未经历过苦难的人感觉最不幸福,生活中最大的不幸就是从未遭遇不幸。"只有让苏利文经受最大的磨难,史都尔奇斯才能制造机会,让苏利文成为更优秀的人。

◎ 伤害所爱之人的重要性

让创作者对笔下的主人公拳打脚踢、刀刺枪击也许很困难,但还有比这更难的事情:羞辱他们的英雄。打完就完了,外在的身体的疼痛是暂时的,一旦刺痛消退,伤口愈合,事情就过去了,被淡忘了。而且,身体上的痛苦可以作为个人的秘密,不让他人知晓。但是当众羞辱一个人,让他颜面尽失,那就会变成人尽皆知。和身体上的疼痛不一样,一个难堪的场面会暴露个人信息,它意味着你犯了错,被人揪了出来。人际关系之痛,会令人尴尬、窘迫、羞耻等,往往挥之不去,每次回想起来都会深切地感受到它所带来的全部刺痛,哪怕事情过去了几十年。[7]难怪我们说忍辱偷生,因为一旦蒙羞受辱,人们就失去了活下去的理由。

不过,在故事创作中,羞辱往往是激发活力、促进成长的最佳手段。

所以,很多创作者不愿意让他们笔下的主人公经受难堪、窘迫和羞耻，这是很可惜的事。我们不看《皮格马利翁》(*Pygmalion*)也知道作家和艺术家们容易爱上自己创作的人物。所以，他们总是有意无意地为主人公的发展铺路搭桥，他们扔出的球都是主人公容易接住的。这就有点像一个殷勤的导演总是让镜头对准明星"潇洒的一面"。现实生活中，让一个人尴尬难堪是很不礼貌的行为，更不要说当众指责他人了。

因为私下里个人的失败是一回事，而把失败公之于众则是另一回事。比如说，约翰毕业于名牌大学法学院，却没有通过律师资格考试，而且考了两次。此时他可以这么想：没什么，反正只有我自己知道。可是，如果这个约翰不是别人，而是约翰·F.肯尼迪（John F. Kennedy）呢，那他的失败就会成为《纽约邮报》的头条新闻："公子哥儿挂科。"公之于众的失败无疑是一种羞辱，一定能促发改变，要么改个名字，换个地方，开始新生活，要么像肯尼迪一样，发奋图强，迎接挑战。（值得一提的是，经过坚持不懈的努力，他最终通过了律师资格考试，后来作为曼哈顿地区检察官办公室的检察官，他打赢了所有的六宗官司。）

不断加大难度可以锻炼主人公强健的体魄，这一点至关重要，因为他要跨越最后一道高不可攀的障碍。因此，在他挑战最后的障碍之前，你给他的训练越多，对他跨越障碍越有利。因为，正如艾米莉·狄金森所言："受伤的鹿跳得最高。"[8] 如果你想让主人公顺利通过最后的考验，那你必须让他在到达最后关头之前变得更坚强。

当然，在着手破坏主人公的计划之前，你必须让读者知道他有什么计划。至于如何磨炼主人公（当然是为他好），可以参考以下速成指南。

◎ 如何瓦解故事人物的完美计划：十一条须知

1. 不要让故事人物未经逼迫就承认一件事，即使是对他们自己

还记得小时候有人要你做你不愿做的事情时的情形吗？你会大叫："是吗？有胆量你来逼我呀！"在故事中，涉及承认某件事情的时候，故事人物必念的咒语也是这句话。故事里的所有人物都不能在没有被逼迫的情况下透露任何事情。他们是在被一把枪顶着脑袋的情况下，更多时候是在局面超出了掌控的情况下，才不得不承认下来的。信息就是通货，必须努力赚取。一切都是有价的，没人会免费赠送给你。也就是说，故事主人公要有强制性的理由才会承认一件事。要么因为这样做，他会有所收获，要么因为不这样做，他会遭受损失或面临灾难。人物的行为绝不会是无缘由的。

2. 允许主人公拥有秘密——但不要固守这些秘密

我们保守秘密的原因只有一个：因为害怕秘密泄露会带来某些后果（变化）。不过，保密并非简单的决定。根据脑神经科学家大卫·伊格曼（David Eagleman）在《隐藏的自我：大脑的秘密生活》（*Incognito: The Secret Lives of the Brain*）一书中的说法："秘密是大脑思想矛盾斗争的结果，矛盾的一方要揭露某件事，另一方却不想这么做。"实际上，心里藏着秘密无论从心理上还是生理上来说都是不健康的。心理学家詹姆斯·彭尼贝克认为："不与他人讨论，不向他人倾诉某个事件，这行为也许比实际经历该事件更具危害性。"[9]

所以，既然折磨故事的主人公是件十分痛苦的事，那当你知道强迫主人公吐露内心秘密其实是对她好时,你该感到安慰。相信你也不希望她由于保守秘密,心理压力太大而心脏病发作。所以,无论她固守秘密的意愿有多么强烈,你也坚决不能同意。事实上,主人公越想保持缄默,你越要想办法让她开口。

还要记住一点:不要对读者保守她的秘密,要让读者事先知道这个秘密。我们都喜欢做内幕人士。我们乐于知道主人公隐瞒了什么,为什么隐瞒。我们会为掌握了主人公的秘密,看穿了她的掩饰与谎言而洋洋得意。

3. 确保主人公所做的补救措施只会让局面更糟糕

这也叫弄巧成拙。记得我们前面说过,一个场景中做出的决策会促发下一个场景中的行为,那弄巧成拙就是促发行为的方式之一。不断加大赌注,迫使主人公不断重新评估形势。

加大赌注的方法有很多。比如,爱普莉暗恋加里,所以到他任职的公司应聘一份工作,想借此机会接近他。她被录用了,就在加里所在的部门。可是当她特意打扮一番来上班的时候,却发现自己应聘上的恰恰就是加里的职位。原来,他升职了,即将被派驻伦敦办事处。(或者可以糟糕一点,他被解雇了,就是因为应聘的爱普莉比他经验更丰富。)

有时,弄巧成拙的反转是这么回事:计划进行得非常完美,主人公也的确得到了她所追求的东西,结果却发现她所得到的正是她最不想要的。那这个故事就是这样的:加里对新入职的爱普莉一见倾心,一把搂住她,喃喃地说他爱她的程度,就像他爱熬夜玩《魔兽世界》一样,要不是他妈敲墙警告他,他可以每晚都玩。

4. 确保所有可能出问题的地方全都出问题

不过，不要让故事主人公知道你的计划，要让他在出发的时候以为只要提出要求然后等着就可以了。世上所有的财富都会在第二天上午九点之前由联邦快递送达，这不能说是他痴心妄想，这是人的天性。

我们都知道，为了维持宝贵的能量，大脑只要能少动一点，它就会少动一点，[10] 我们整个人也一样。刚碰到问题的时候，解决它需要多少精力，我们就付出多少精力，没人会付出超额的精力。但是，老实讲，你记得什么时候以最少的努力解决了什么问题吗？实际上，试图以最少的精力解决问题只会让情况变得更糟，出问题的地方很可能是主人公从未想到过的方面。所以，如果影片主人公长舒一口气说："好了，至少其他地方没问题。"这时我们往往会紧张得打哆嗦。因为我们知道这一幕可能意味着现在某个地方可能会出大问题。通常，这事一出来，前面出现的一切似乎都很容易。

5. 让你的主人公逐渐加大赌注：从一美元到一座农场

关于主人公面对的不断升级的难题，有一点很有意思。虽然开始的时候他们赌得很小，但和后来押上的整座农场相比，那微不足道的一美元赌注却往往让他们更畏缩，有更多的抱怨和烦恼。以经典影片《春天不是读书天》(*Ferris Bueller's Day Off*) 为例，主人公菲利斯的死党卡梅伦从来都不敢违抗他的父亲。按卡梅伦自己的说法，他父亲是爱车如命的人，特别钟爱他那辆法拉利老爷车。所以，他从来不敢开那辆车。然而，正因为卡梅伦生性懦弱，对谁都唯唯诺诺，所以在菲利斯的撺掇下，他决定逃课，偷偷开着那辆车去兜风。菲利斯向卡梅伦保证说，只要让车倒着走就能把里程表上多出来的几英里去掉。卡梅伦心里一百个不情愿，但却没有勇气拒绝。

很自然地，他们最后不是出去兜了一圈，而是转了一整天，积累了卡梅伦做梦也没想过的里程数，而且期间这台古董车还随时面临擦碰、丢失和被盗的危险。卡梅伦起初满腹牢骚，可是随着时间的推移，他面临的形势迫使他慢慢强硬起来。他开始意识到自己身上的勇气和力量，也慢慢醒悟：父亲长期将这样一辆豪车供奉在玻璃车库里，不肯动它一下，这就是暴殄天物的愚蠢行为。对一辆不开的车宠爱有加，对自己的儿子却不闻不问，也是一样的愚蠢。换言之，卡梅伦终于生他爸的气了。

即便如此，这一天结束的时候卡梅伦还是有点恐慌。因为他们发现，把车架起来压下油门让传动器倒转，其实并不能减少里程数。卡梅伦气急败坏地踹了车头一脚，结果车凹陷了一块。他觉得自己现在做好了面对父亲的准备，于是得意地靠在车上苦笑，不料车身从架子上掉了下来。由于发动机还在转动，车轮接触地面，瞬间起步，撞碎了车库的玻璃墙，冲了出去，最后坠入深谷。

这让我们想到《伊索寓言》里的一个说法："相比大灾难，人往往更没有勇气忍受一点小委屈。"就这样，卡梅伦在这一天里学会了勇敢地面对父亲，菲利斯提出他会为这个事情负责，卡梅伦没有接受，而是选择鼓足勇气告诉父亲真相。现在他并不太害怕说出真相，他可以直接告诉父亲：破车就躺在谷底。而那天早上的他胆子小多了，那时候他还觉得承认是他们动了车子就是最严重的事。

6. 不要忘了，世上没有免费的午餐，有的话，也是毒午餐

天下没有免费的午餐，也就意味着一切都要靠自己挣得。换言之，你的主人公不能轻易地得到任何东西，因为读者想看到的是故事人物在问题出现的时候有何反应。斯蒂芬·平克指出："故事让我们一点点地试探着靠近灾难的边缘，但我们不会真的掉落悬崖，这样就拓展了我们的人生体验和选择范围。"[11] 这就意味着主人公得到任何东西都必须付出努力，这种付出和牺牲往往超出他的预期。（也就是说，比他起初决定去做的事情难得多。）只有那些实际上对他没什么好处的东西，他才能轻易获得。

例如，在《生活多美好》中，老流氓波特破天荒地把乔治叫到自己的办公室，假惺惺地要给他一个似乎很难得的机会（一份薪水超高的工作），这个机会能让他即刻摆脱缺钱的窘境。乔治还是考虑了一会儿，他可不是单纯的白雪公主（就连小鸟都知道不该吃那个苹果），看到有毒的蜘蛛，他是能立刻分辨出来的。他很清楚，一旦接受了波特的"好意"，自己会付出高昂的代价。

7. 要让故事人物撒谎

虽然在现实生活中，我们不希望别人对我们撒谎，但是在故事里，撒谎的角色才是让我们感兴趣的人物。一个大胆的谎言可以让平淡的人物形象丰富起来，因为我们会想：诶，他为什么要撒谎？有什么隐情？这人不简单。

当然，这意味着你得先让我们知道这个人物撒了谎。如果不知道这是个谎言，我们就无法预测真相揭露之后各方会有什么反应。因为谎言和秘密一样，最终都会被揭穿。事实上，读者之所以一页一页往后翻，就是因为急于看到这个谎言最终会导致什么结果。

有没有谎言不被揭穿的时候呢？当然有，但是不能没有原因。谎言没有被揭穿，必有其原因，这背后的原因必须能反映与故事人物相关的重要信息。有时候，主人公逍遥法外这一事实本身就是故事主旨所在。比如，在派翠西亚·海史密斯（Patricia Highsmith）的精彩小说《天才雷普利》（*The Talented Mr. Ripley*）中，主人公是一个名叫汤姆·雷普利的毫无道德观念的年轻人，他很快就会变成杀人犯。既然雷普利系列小说共有五本，那么告诉读者雷普利一直善于编造谎言就不能算是泄露秘密。因此，这部小说激动人心的地方，就是主人公每次面对谎言快被揭穿时的恐惧，还有我们对他的谎言不被揭穿的原因的预测。这完美地诠释了剧作家诺曼·卡斯纳的格言："用人们预料之中的事，给人们一个出其不意。"[12]

但是有一个人绝对不能撒谎，任何谎言都不行，那个人就是你——故事的创作者。然而，很多创作者总是想要隐瞒点什么，通常是因为他们不想让读者这么早就看出端倪，这一点我们在第六章探讨过。其中的问题是，读者对你有一种天然的信任，一旦发现你对他撒了谎，他就会想到你的故事中还会有其他地方不真实，结果读者对整个故事都会产生怀疑。

8. 要引入一个不断升级的危险，其威胁必须明确无误，即时可感，绝不能模糊不清

大家都知道要给主人公安排反制力量，否则，主人公就没有与之较量的对手。没有对手，无论他多么努力，都不能证明他奋斗的价值所在。因此，创作者必须明确地定义，清楚地呈现这种反制力量，不能只是一个模糊的不会造成真正威胁的危险物，也不能是一个无所作为的反派人物。即使这个大反派的确坏到骨子里，你也不能只让他不怀好意地停留在动手的边缘而不采取实际行动。

为了做到这一点，有一样东西必须让反派们出门就带上，这个东西就是定时炸弹。快速临近的最后期限最能吸引读者的注意力（更不用说驱使主人公的行动了）。让反派制造迫在眉睫的危险，不仅能让主人公不偏离行动的轨道，也能防止创作者跑题。越来越紧迫的危险，可以不断地提醒创作者，即使他很想安排主人公周末到意大利托斯卡纳去思考人生，那也要克制自己的冲动，因为如果主人公没能在午夜之前找到米尔特叔叔的遗嘱，那黎明时分营救人员一到就什么都没有了。

当然，反制的力量并非一定是某个人物，也可以是观念性的东西，如严苛的社会传统对人性的束缚，技术滥用导致的人性丧失，冷酷专横的法律条文，等等。但是，有一点很重要：你不能让它一直停留在概念化的状态。因为我们知道，观念本身是抽象的，不会对我们本人造成影响，也无法影响我们的情绪。能够影响我们的是具体化、明确的观念。也就是说，观念必须体现在具体的人物身上，通过具体人物的具体行为，逼迫主人公接受这一观念。

例如，肯·克西（Ken Kesey）的小说《飞越疯人院》（One Flew Over The Cuckoo's Nest）讲的是社会习俗规范如何束缚那些追求个性自由的人们。那些不受束缚的人被强制实施了脑白质切断手术。这个故事发生在一所精神病院里，所有恶行都在一个反派人物的推动下展开,这个反派就是护士长拉切特。虽说是拉切特给生活在她魔爪下的人们带来了灾难,但她仅仅是故事主题的化身,只不过表现得极其残忍而已。

9. 一定要让故事的反派人物也有好的一面

虽然有些违反直觉,但我们都知道反派也必须有好的一面,即使是暂时的仁慈,或者是微不足道的善良。毕竟,世上没有一无是处、彻头彻尾的坏蛋。或者,也可以这么说,即便的确坏到骨子里,他们也不大可能这样看待自己。不过更客观地说,非黑即白的人物特性,无论是彻底的坏还是纯粹的好,都让人感觉沉闷乏味,更不可能使人浮想联翩。事实上,一个完完全全的好人有时甚至比一个坏蛋更令人反感。

想想看,办公室那位帅哥同事在工作上总是零差错,有完美的家庭生活,还有一张从不凌乱的办公桌,难道你私底下不会怀疑他是否有什么不可告人的秘密吗?也许是出于嫉妒,但更有可能是因为没有人能够真的这么"完美"。正如主人公必须有一些缺点,同样地,反派人物也需要有一点积极的品质。

再说,如果一个人物是百分百的坏蛋,那他就不会再有什么变化,没有变化就会让他的形象显得单薄、刻板。如果说"所见即所得",那么这样读者得到的就是无聊与无趣。而一个具有某些良好品质的反面人物,也许还有改邪归正的可能,这就形成了悬念。注意,不是说故事里的坏人一定要得到救赎,而是说开放这种可能性,能使这个人物以及故事本身更有趣味性。

10. 一定要揭露人物的缺陷、邪念以及不安全感

故事讲述的是缺乏安全感的人们,而我们都知道,变化最令人

不安。正如托马斯·卡莱尔所言："人类天生憎恶改变，老房子不到掉砖坠瓦的地步他们是不会离开的。"[13]

这就意味着读故事通常就像看一个人的房子在他四周一扇墙接一扇墙地倒下。读者读故事就是在假设："如果……，会发生什么情况呢？"读者的这个假设不太可能是："如果一个活泼开朗的女人，嫁给了一个阳光优秀的男人，事业有成，家庭美满，还有两个同样活泼快乐的孩子……"为什么？因为"完美无缺"实际上是不存在的（还好它不存在），另外，不会崩坏的东西是枯燥乏味的。（当然，除非那是你的房子，在这种情况下，乏味是好事。）

所以，你的任务是拆除主人公能够找到的所有避难所，强力把他推出去，应对外面世界的冷酷。可创作者们常常心慈手软，当主人公前进的道路变得崎岖坎坷时，他们就出手相助，为她铺路搭桥。但是，一个人只有在做了英勇的事情之后才能成为英雄，也就是说他要不畏艰险，挺身而出，迎接挑战，并且在此过程中战胜自己内心深处的恶魔。你作为他的创作者，应该尽力让每一次外部情节的转折都能推动他直面内心的软弱，这样他才能一直沿着既定的轨道前进。

11. 一定要揭露你自己的邪念

创作者包庇他们的主人公，纵容他们回避真正棘手的问题，还有一个更微妙的原因。很多时候，回避问题，不是出于保护主人公的需要，而是创作者自己对主人公面对的问题感到不安。通过容许主人公避开问题，创作者也可以避重就轻。因为，正如你可以"揭发"故事中的人物，故事人物也可以"揭发"你。如果你让他们做不得体的事情，那你就暴露了你自己，说明你对生活中不文明的行为并不陌生，也就是说，你笔下的文字反映了你在没人看着你的情况下会做的事情，会产生的念头。其实，这正是读者寻求的东西。我们都知道文明的社会是什么样的——不需要任何人向我们解释，我们心里都很清楚。但是，在我们展现给公众的自信的外表之下，大多数人内心都是一片混乱。故事讲述的就是这种内心的混乱，这种我们理解这个世界时必然产生的混乱状态，也是我们力图掩盖的一面。这往往就是故事的核心要义所在，正是这种自我暴露让读者惊叹，引发读者共鸣："啊，我也是这样的！我还以为只有我一个人这样呢！"因此，普鲁塔克提出了一条睿智的建议："成大事者必经大难。"[14] 这条建议既适用于故事的主人公也适用于故事的创作者们，而且所经苦难必须暴露在大庭广众之下。

或者，换一个更有哲理的说法，正如心理学家卡尔·古斯塔夫·荣格（C.G.Jung）所言："想象光明的样子并不能给人带来光明，只有意识到黑暗，才能使人觉悟。"[15]

第九章　自查要点

● **是不是所有可能出问题的地方都出了问题？** 不要发善心，一点儿也不行。把社会规范抛到脑后。你设计的情节有没有迫使主人公不断迎接挑战？

- **有没有把主人公藏得最深的秘密和捂得最严的缺点暴露出来？** 有没有迫使他坦白交代，即使这样做很难堪、痛苦、尴尬？有没有迫使他面对心中的邪念？如果主人公不敢面对现实，又怎能克服困难，战胜邪恶（或者意识到这一切其实并没有想象中那么可怕）？

- **主人公得到的一切是否都是靠自己的努力争取的？她失去的一切是否都是她为过错而付出的代价？** 换句话说，任何事情发生了，都必须诱发一个后果。事件产生的后果最好能迫使主人公采取他不愿意采取的行动。

- **主人公所做的一切都是为了让形势变得更好，但实际上却让情况变得更糟了吗？** 很好！对你的主人公来说越糟糕的事，对你的故事就越好。让情况越变越糟，你就可以让故事不偏离正轨，同时让故事的紧张感不断攀升。

- **反制力量有没有人格化、具体化、现实化？** 反派人物不必总是愤怒的大猩猩或者持枪行凶的疯子，但读者需要有个人物（或事物）来充当反派。这就意味着模糊的威胁、笼统的"邪恶"、非具体的可能出现的灾难并不满足要求。这种危险必须非常具体和紧迫。

第十章
从铺垫到结局

认知秘密：
大脑憎恶混乱与随机，所以总是把原始数据转化为有意义的模式，以更好地预测接下来可能出现的状况。

创作秘诀：
读者总在寻找模式，对你的读者来说，故事中的一切要么是铺垫，要么是结局，要么就是这二者之间的过渡。

"艺术就是给经验套上一种模式。"
——阿尔弗雷德·诺尔司·怀特海
（Alfred North Whitehead）

"红色在那上面开玩笑砾石，即刻也许最圆。"这话听来不知所云吧？有没有感觉一头雾水？因为这个句子不仅没有模式可循，而且每个词都违背了你对语言表达模式的本能期待。也就是说，读这样的句子，你的大脑得不到多巴胺奖励，相反，你的神经递质给你的多巴胺比正常情况下的还要少，目的是传递它们的不快——其实就是你的不快。[1]

你的大脑不喜欢任何随机无序的东西，它会尽力给无序混乱强加一个秩序——即使事实上并没有秩序。以繁星点点的夜空为例，诺贝尔物理学奖获得者爱德华·普塞尔（Edward Purcell）在给进化生物学家斯蒂芬·杰·古尔德（Stephen Jay Gould）的信中写道："在'恒星'这个随机混沌的领域，更令我感兴趣的是某种'特征'给人的深刻印象。然而，有一个事实让我难以接受：任何我们以为的'特征'，无论是星串、星块、星座，还是廊道、空洞，都是毫无意义的随机状态。这些'特征'之所以存在，实际是为了满足我的眼睛和大脑对模式的贪求！"[2]

但是我们对模式的热衷并不是随意的，也并非心血来潮，虽说有时我们会望着天空出神，仿佛看到爱人的脸在云层中慢慢消逝。寻求模式是人类自古有之的思维习惯，远早于冰箱、管道自来水、门窗的出现，可以一直追溯到住洞穴睡树叶的原始社会。在那个时代，能否预测接下来会有什么状况发生，往往事关生死存亡。既然狮子、老虎、赤身裸体的野蛮人白天黑夜随时都可能不请自来，那么人类的大脑就不得不精于推算，将所有数据转译成模式，以判定夜色中那团东西可能是什么。如果不知道正常模式是什么样的，我们又怎么可能从平常中侦测出不寻常来呢？神经科学家安东尼奥·达马西奥说："大脑是个天生的制图师。"[3] 从我们离开子宫的那刻起，大脑就开始绘制我们周围种种的模式，目的只有一个："哪些安全可靠，哪些我得盯着点？"[4]

而故事讲的就是那些我们得盯着一点、小心提防的事情。故事往往始于主人公生活模式突然停止的那一刻。这样开局很好，因为正如学者切普·希斯和丹·希斯所言："要吸引某人的注意力，最基本的方法就是打破一个模式。"[5] 这话预设的含义，你听懂了吗？要打破一个模式，首先得知道这个模式是什么。在读者看来，故事中的一切都是构成模式的组成部分，而阅读的乐趣就在于分辨出这些模式。不仅如此，读者会假设故事中的方方面面都相互关联，也就是说，各种模式相互交织，类似于生态系统、地理边界、拼图。然而，有时候创作者们把故事的这个层面当作单纯的情节给忽略了，转而费尽心思，以水滴石穿的精神，把细节性的东西编入故事主线。这一做法就像在没有烘烤的生面团上覆盖一层糖霜。虽然读者可能会品味其中的细微差别，但是，如果创作者不能阐明并深化细节描写一直遵循的模式，那么这样的描述就不过是一座门面豪华的空房子。

现在大家应该很清楚了，故事的读者是一个要求很高的群体。我们读者是有所期待的（虽然我们很少意识到自己的阅读期待），大脑要求故事满足这些期望，不然的话我们就回家打球去了。其中一个根深蒂固的期望就是：任何读来像是开启一个新模式的内容（也就是铺垫），实际上也必须是一个铺垫，必须有相应的结果。我们对铺垫有浓厚的兴趣，我们喜欢铺垫，因为它们令人陶醉，能激发我们的想象力，满足我们预测未来的天性。铺垫引导我们探求接下来可能发生什么，进而产生一种更妙的感觉：成功构建起关联，洞察事物本质的兴奋感。[6] 我们看出了一个铺垫，预测后面会发生的事情，最后发现预测正确，这时我们就会有一种成就感。铺垫让我们参与到故事之中，而参与感是一切感觉的开端。铺垫让我们觉得自己有目的地投身其中，仿佛进入了故事的世界，成为故事事件的当事人。读者把铺垫视为创作者讲故事的一串密码。一旦读懂了创作者的这串密码，读者就会循着这一模式急切地一路追到故事的结局。这时我们尽情地阅读，品味着故事的每一个片段，废寝忘食，在所不惜。

为了确保有许多读者对你的故事爱不释手，本章将探讨铺垫到底是什么以及如何确保铺垫与结局之间有明显而必然的联系；深入分析随意的铺垫为什么会使故事偏离正轨，并了解一些看似简单却颇有成效的铺垫手段。

◎ 小心，这可能是个铺垫

那铺垫到底是什么意思呢？其实就是它字面上的意思。铺垫是暗示未来事件行为的内容，可以是一个事实、一个动作、一个人、一件事。从根本上来说，铺垫就是在结局出现之前读者需要事先了解的信息，只有让读者了解这些信息，后面的结局和呼应才有着落，才可信。它可以是一件再简单不过的事情，比如，先让读者知道詹姆斯会说斯瓦希里语。那么到后面，一颗流星进入大气层，即将撞击得梅因市中心，在这千钧一发之际，詹姆斯发现改变流星航向的操作说明是用斯瓦希里语所写，而他正好能看懂斯瓦希里语！读到这里，我们不会感到惊愕，因为前面已有铺垫。但是，你不能让读者知道你在第一章里透露詹姆斯懂斯瓦希里语这一信息的真实原因，所以在透露这个信息的时候必须给它一个可信的故事原因，这样才不至于明显地告诉读者"我在这里埋下了伏笔"，使之沦为赤裸裸的泄密。也就是说，是半遮半掩地泄露一点似是而非的信息，激发读者的想象，还是直接给读者透露一个明确的不会造成任何悬念的信息，这两者之间只有一线之隔，不容易把握。激起读者的遐想，引发读者的猜测，这才是读者的最爱。

你可能希望读者这样想："哈哈，我知道詹姆斯会说斯瓦希里语，因为他上高中的时候只开了这一门外语课，不学就不能毕业。我隐约感觉，在后面的故事里他会庆幸当时学了这门语言。"这样的话，如果后面再没有提到斯瓦希里语这回事，那主人公学过斯瓦希里语这个事就变成了那头"房间里的大象"，在你的故事大厅里游荡，总会搞出一些事情了（最有可能的事就是搞破坏）。

当然，"詹姆斯会说斯瓦希里语"只是一条起支撑作用的信息，铺垫远比这样的单一信息复杂，牵涉面广。很多时候，铺垫可以触发一个小插曲，一个行为动机，或者引发对故事情节的新的理解。

不过，有一点必须指出来：读者因为铺垫内容而形成的期待不一定都要得到印证。相反，铺垫的真正意义通常只有在回看前文时才清楚，比如我们之前讨论过的希区柯克导演的经典影片《迷魂记》。故事开篇的铺垫让我们以为美丽而神秘的"玛德琳"就是退休警察斯考蒂·弗格森好友的妻子，后来却发现她其实是好友雇来扮演玛德琳的售货小姐。我们已经看到了，这类情节安排的难点在于：真相揭晓之后，之前发生的所有看似支持错误推断的现象，现在回头再看，必须能支撑新的结论。正如雷蒙德·钱德勒所言："结局一旦揭晓，必须看似不可避免。"[7]

故事创作无法绕开这一点。所以，请牢记，对读者来说，故事中的一切，要么是铺垫，要么是结果，要么就是这两者之间的过渡。

◎ 不是铺垫的铺垫

读者总在故事里寻找模式（就像隔壁那个怪怪的男人认定你无视他是因为你暗恋他），所以你肯定不希望他把某个不是铺垫的东西当成铺垫，更不希望她据此有所期待。故事中，这种情况就相当于原本结构严谨的叙述中夹杂着一些无关的信息，干扰了读者的判断。

读者的潜意识认定故事中的每一样东西都是因故事本身的需要而存在，因此理所当然地认为故事中的一切都是某种模式的一部分：这一点十分重要，怎么强调都不过分。读者认定每个事件、每个事实、每个举动都有其存在的意义，所以很容易把离题的内容或随意的非必需的事实误认为后文的铺垫或暗示。更糟糕的是,由于这种假的"铺垫"看起来与当前故事的发展没有明确的关联,所以读者会以为它与后文某个情节相关,因此更有意义。于是它就变成了读者评估故事后续发展的标准之一。

例如,主人公诺拉不经意间跟丈夫洛乌说起他们的邻居贝蒂,说她一整天都在大声斥责她那一无是处的持枪男友。现在,从故事创作者的角度来看,诺拉提起这件事或许只是为了解释她为什么头疼得这么厉害,为什么没能帮丈夫寻找失踪了的拉布拉多贵宾犬。可是,读者可能会这么想:"什么?贝蒂有个玩枪的男朋友?我敢打赌,那条可怜小狗不见了,肯定跟他有关。噢,对了,诺拉的妹妹凯西怎么样了?她有段时间没出现了,好像那天晚上在贝蒂家吃饭,之后再没出现过,会不会是……"

更糟的情况是,读者甚至想不明白这条信息该用到哪里。一个玩枪的二流子怎么会出现在封闭式的教友会小区?读者一部分心智落在了后面,忙于思考这个持枪的家伙可能说明什么问题,与此同时,另一部分心智继续前进,接着读失踪的小狗的故事。但是,斯坦福大学学者的研究表明,与主流观点相反,高效的多重任务处理并不存在,人脑不能同时处理两条并行的信息链。根据脑神经科学家安东尼·瓦格纳的研究,当人们试图同时关注来自外界的多条信息,或者记忆中浮现的多个场景时,他们并"不能滤除与当前的目标无关的信息"。[8] 所以,当读者的大脑想着贝蒂男友有枪这个问题时,故事当前发生了什么在读者眼中就没那么重要了。这有点类似于听一个口音很重的人说话。你不得不集中注意力分辨那些单词的发音,结果就错过了单词所传达的意思。很快读者就会搞不清楚故事里发生了什么，过会儿就会把它丢在一边。

大脑经常掉线——也就是忽略现实世界，转向虚拟世界。大脑掉线可能都不是一个选择，而是与生俱来的本能，只要使之相信故事有益，可以给它提供有用的信息，指引它在这诡谲的世界中前行。一旦卷入其中，大脑就会把现实世界挡在门外。但是如果这样的信念被虚假的暗示或铺垫打破，那么现实就会像潮水一般涌进来。[9]

了解了假铺垫的危害，那么现在的问题是：一个真正的铺垫应该是什么样的呢？我们先来感受几个真正的铺垫。

◎ 案例研究：《虎胆龙威》与《迷途青春》

有时候铺垫看起来根本不像铺垫。比如，《虎胆龙威》一开头就是主人公约翰·麦卡伦坐在一架飞机上，飞机刚降落在洛杉矶机场。麦卡伦是纽约警察，妻子升职，调到洛杉矶，可是他不想搬家，她就只好带着孩子们离开了他。现在他想和妻子复合。他有点疲惫，但是很高兴飞机终于落地。旁边的乘客是个年纪比他大的推销员，看到他一脸倦容，邻座的推销员以为他是第一次坐飞机。于是他给了麦卡伦一条倒时差的建议：光脚站在地毯上，然后"用力往下弯曲脚趾"。嗯，这是个有趣的小插曲，而麦卡伦将信将疑但不失礼貌的态度，让我们从侧面了解到他的世界观。

这个场景的潜台词很清楚：麦卡伦对于坐飞机的厌恶其实是更深层次的对于脱离熟悉的环境的厌恶。纽约与阳光明媚的洛杉矶有着天壤之别，尤其在圣诞节的前一天。但问题是，他跟推销员的这段交流中有没有什么被标注为"铺垫"的内容？好像没有。它只是讲了一些关于麦卡伦的情况，理论上讲，仅此而已。而且，里面也没有这样的警示："注意看这里，这里有深意，超出你的预想。"没有才好，因为我想你绝不想看到这么"明目张胆"的铺垫。所以说，《虎胆龙威》的这个开场才是个真正的铺垫。

因为接下来我们看到，麦卡伦去他妻子的公司参加圣诞晚会，独自一人待在一间豪华的浴室，心里紧张不安。他脱掉鞋，试着按那位推销员说的去做。他笑了笑，惊奇地发现这个建议居然真的有用。就在他兴致勃勃地弯曲脚趾时，突然听到有枪声响起。于是他抓起自己的手枪，冲出去查看情况——他是光脚出来的。

所以在影片接下来的场景中，他就这样光着脚在满是碎玻璃的走廊上奔跑，双脚鲜血淋漓。回头想想片头的那个场景，你会发现，这个开场除了逗人一笑，提供一些关于麦卡伦的信息，还是一个铺垫，其结果就是使麦卡伦成为英雄的道路更加艰难。

你也许会想，有没有必要这么劳神费力地安排一个这样的铺垫？难道麦卡伦不能就这么把鞋脱下来吗？能不能让他咕哝着说"坐飞机坐太久了，脚都好像肿了，把鞋脱掉一会儿真舒服"？当然可以。甚至还可以让他在洗脸的时候不小心把水洒到鞋上，于是他自然地把鞋脱下来晾晒。但是，对于观众来说，这两种安排都不如影片的开场，因为开场场景还给观众带来了一次小小的顿悟和会心一笑。当我们领悟了人物行为表现背后的具体原因时，那种美妙的会心的感觉，让我们对接下来的故事有所期待，同时又在心里想："要是飞机上的那个家伙不那么多话，麦卡伦就不会到处流血了。"

铺垫设计得好，看起来就像命中注定。

上面讲的只是《虎胆龙威》中的一个小细节，接下来要讲的卡洛琳·里维特的《迷途青春》里的一个片段，这是一个更为细微但却更典型的例子。故事发生在波士顿，16岁的莎拉未婚先孕，一对名叫乔治和伊娃的夫妇要领养她腹中的孩子。他们承诺说开放领养，欢迎莎拉随时看望他们和孩子。在孩子出生之前，情况的确如此。乔治和伊娃很喜欢和莎拉在一起，对她倾注了热情和关爱，一方面是因为他们真的很关心她，另一方面也是因为他们害怕莎拉会改变心意。然而，在孩子出生之后，莎拉对他们夫妇的依赖就变得难以忍受了。此外，她的存在开始威胁到伊娃，因为她想做孩子唯一的母亲。显然，冲突在酝酿之中，读者感到冲突迟早会到达顶点。

在这种情况下，丈夫乔治（职业是牙医）要面对新的处境——孩子的出生（他特别爱这个孩子），莎拉的依赖，伊娃越来越强烈的诉求（打发莎拉），他感受到了巨大的压力。他回顾了自己一天的生活：

> 乔治在下午4点结束看诊，比原先预期的早了一个小时。最后一个病人的情况十分紧急，某个刚装好假牙牙桥的女病人因为抵不过诱惑咬了一口焦糖苹果，结束诊疗离开时，他在这位女病人的嘴里装了暂时充数的临时牙桥并给了她一张该禁口的食物清单。乔治得赶紧招个牙科护理员了，如果可以的话，他真想雇用一个自己的克隆人。大部分的牙科医师都是独立工作，他也从没想过与人合伙，但或许那真能有些帮助。至少他可以不用这么辛苦地工作，

做这么长的工时。当然,最大的问题是,找谁当合伙人?这种事向来得小心处理。他唯一想到的人选是医学院的老同学汤姆。汤姆现在住在佛罗里达州,成天怂恿他搬去那里定居。"想想那蔚蓝的天空、一望无际的沙滩。"汤姆鼓吹着,不过乔治从来没认真想过要搬家。[10]

这段文字出现在第98页,到第169页乔治才再次想起汤姆和佛罗里达州。不过在中间的七十多页里,读者可一直记着这个事呢。汤姆怂恿乔治搬到佛罗里达州居住这件事看起来是随意提到的,其实是一个伏笔,一个暗示性的铺垫,它已经引起了读者的注意。我们可以体会到它的突兀和异常,虽然没有任何"请注意""请记住"等字眼,但我们还是注意到并记住它了。为什么呢?因为故事本身已经给我们提供了一个语境——也就是一个模式,而这个细节完美地融入了这个模式之中。我们知道目前的形势岌岌可危,局面只会越来越糟糕。我们知道一定会有事情发生,但不确定这事会如何展开,一直到乔治想起佛罗里达州的汤姆,这事才慢慢揭晓。

这时我们开始怀疑乔治和伊娃会不会搬家,开始预测如果他们搬走莎拉会有什么反应。因此,这个小小的细节也是一个铺垫,其意义远远超出情节本身,影响了读者对发生在这个铺垫(乔治第一次短暂地想到佛罗里达州)与其结果(他再次想起汤姆,并且买下汤姆的牙医诊所,瞒着莎拉举家搬到伯克莱屯)之间那七十多页故事内容的理解。

不是说一定不会出现关于佛罗里达州的这个细节溜出读者脑海的情况,也不是说读者就一定不会怀疑乔治和伊娃或许不是真的想搬家。如果铺垫一出现就使特定的结果显得不可避免，那它就会扼杀读者的想象，而不是激发他们的猜想。所以，通常的做法是让铺垫暗示一种可能性。这种可能性也许就是实际发生的情况——比如，在这个故事里，乔治和伊娃的确带着宝宝搬到了佛罗里达州，但是从铺垫、伏笔到其结果，读者一直感觉还有别的路可走，还有别的可能性。寻找答案的渴望越强烈，我们对故事就越欲罢不能。

◎ 铺垫和结局之间有路可走的重要性：三条道路法则

我们知道有所期待的感觉十分美妙，也知道读者喜欢搜寻从铺垫到结局之间的道路。说到底，读故事的一大部分乐趣就在于辨别、理解、连接故事节点，找出故事模式。要让读者体验到这种乐趣，创作者必须遵循三条基本法则。

法则一：必须有路可走

这条法则意味着铺垫不能被包含在结果之中，换言之，不能让读者在一个问题得到解决的那一刻才意识到这个问题的存在。毫无疑问，这种做法会冲淡故事的紧张感，消除冲突、减少悬念，让读者对故事发展没有任何期待。例如，在听说艾米已经成功装好门牙时，我们才得知两个事实：原来昨天晚上莫里斯在玩纸牌游戏时兴奋过度，意外撞掉了艾米的门牙；要不是牙医紧急安排手术，艾米一辈子的梦想就无法实现了，因为正好今天上午她就要参加"完美笑容小姐"的选拔赛，这是她梦想的启航。这样的情节安排对艾米来说很好，但对我们读者来说就太无趣了。

试想一下，如果我们看着艾米的门牙被撞掉了，知道当时离"完美笑容小姐"选拔赛只有短短六个小时，心想：凌晨一点，皮奥里亚哪里有牙医可以接诊啊？这件事情对她和莫里斯的关系会造成什么影响？而且她们之间的关系本来就不太好。不妨想象一下，这样编排的故事会给我们带来何种量级的紧张感、冲突和悬念。

法则二：必须让读者看到道路的铺展

这条法则意味着从铺垫到结果的道路不能被隐藏起来。创作者们隐藏这条通道，或者给它蒙上一层面纱的原因主要有三个。第一，前面我们讲过，创作者们喜欢把它留到后面来个真相大揭秘。第二，他们没有意识到自己于无形中隐藏了这条通道。他们先开辟了一条似乎有情节发展的故事线索，然后就让读者自己去想象这条故事线是如何展开的，到后面才让这条线索再次浮出水面，给这条线索一个了结。这些创作者通常有一个错误的想法，以为让读者知道情节的动态进展就像是在居高临下地教训读者，所以他们宁愿让故事情节留在自己的想象之中。

比如，我们得知约翰必须在三十岁生日之前结婚，否则他就不能继承他期待已久的财产。接着，后面几百页讲约翰怎么约会找对象，可是我们并不清楚约翰找对象的心路历程。因为我们不知道他想找什么样的妻子，甚至不清楚他是真想结婚还是只想拿到遗产，所以我们无法真正理解他约会谈恋爱的过程细节。最后，在某个节点上，约翰出于某种原因，决定和某个人结婚，接着他得到了一大笔钱，然后故事就结束了——只是读者可能并不知道这个结局，因为他们不太可能耐着性子读到最后。这里我想说的是，虽然读者急于顺点连线，但读者并不想自己来画这些节点。

再说第三个原因。创作者们有时比较"吝啬"，习惯性地保留一些信息，而其中有些内容却是形成故事模式所必需的信息。身为创作者，你对故事了如指掌，清楚故事会往哪里发展，谁对谁做了什么，众人议论的尸首埋在什么地方，等等。因此，每个"点"对应什么意思，点与点如何相互连成一个整体，你有清晰的认识。然而，问题是，你的读者并没有这样的认识。有些东西在你看来是显而易见的，而从读者的角度看却是撩人的"泄密"，读者正指望着这样的"泄密"，好让他们能解读正在发生的故事，以预测将要发生的事情。

法则三：预设的结局不能让读者觉得无法实现

我这里说的"无法实现"不是指"做了努力，但失败了，失败给了主人公教训"。我指的是字面上的完全不可能，只要主人公稍加思考就能意识到这样的努力有多么可笑。

那创作者为什么会犯这个错误呢？

因为创作者知道后面会出现某种状况，使主人公无法沿着这条道路向前迈进一步，所以根本不会把走这条路的过程想一遍。那创作者为什么要想一遍呢？

因为读者会。

因为读者并不知道主人公不会走上那条通往失败的道路。关于读者的心理，我们确定的是，读者喜欢预测接下来会发生什么事情。不过，不止于此，他们不仅预测将来，而且一旦发现故事有某种模式，他们会用自己之前了解的内容来验证这个模式是否正确。所以读者的思维往往先于主人公，如果他们想到了创作者没有想到的问题——比如，某个事件的结果从逻辑上来说是不可能的，那么他们就会失望而去。

举个例子，有个叫诺伯特的男孩从幼儿园开始就暗恋双目失明的贝西。不幸的是，贝西一直以来只把诺伯特当作一个好朋友。现在，她考进了哈佛大学，和几个同乡的女孩住在一起，室友们都是正常人，也都认识诺伯特。落单的诺伯特想了一个计划，他也想考哈佛大学，进去后装出一副英国口音，假装不认识贝西，然后去追求她。然而，作者早就知道诺伯特不会走到那一步，因为他已经安排好让诺伯特考不上哈佛大学。所以，作者忘了贝西的室友会即刻认出诺伯特，根本等不到他开口冒充英国人。也就是说，你必须保证故事人物打算去做的事情合理，即使你自己早已清楚会有意外情况发生，导致他的计划不能成为现实。

◎ 案例研究：《虎胆龙威》

《虎胆龙威》是个完美的故事（虽然里面有血腥、暴力的场面以及仅凭人力不可能完成的冒险）。为什么说它完美呢？因为里面的每个铺垫都通向令人满意的结果。我们在前面分析了主人公光脚的细节，其实里面还有很多类似的情节。事实上，故事里每个主要人物的行为转变都符合逻辑，每个次要情节都得到了相应的解决。没有多余的细节，一切都是事先安排好了的，但是一路上依然有着数不清的意外和惊喜。

我们再看一个具体的事例，体会铺垫的设置如何引起人物行为的转变，诱发人物行为动机，开启次要情节。麦卡伦只身与匪徒们在中岛广场周旋，他试图报警，一直未能成功。情急之下，他将一名匪徒的尸体从楼上扔了下去，正好砸在停职警察艾尔·鲍威尔的车上，这才算报警成功。麦卡伦通过无线电与鲍威尔保持着联系。鲍威尔自从失手打死一个他以为持有枪支的孩子被解职后，一直在从事文案工作。在这八年里，鲍威尔一直没用过枪。他向麦卡伦说明了这个情况，我们可以感觉到鲍威尔耻于提起这件事情，但是现在他说出来了，因为这两个男人之间已经形成了某种纽带，而此时麦卡伦正处于生死攸关的危险境地。所以当他问起鲍威尔为什么去做文职时，鲍威尔没有回避，说出了事实。

鲍威尔的坦白就是一个铺垫。这个铺垫定义了他的角色，既告诉了我们他的恐惧（不敢拔枪，因为害怕伤及无辜），也告诉了我们他的渴望（回到警察岗位工作，不再坐办公桌处理文件）。这个细节驱动并强化了鲍威尔这条次要故事线，充实了次要情节，反过来服务于故事主线中的问题：麦卡伦能不能在力挽狂澜的英雄壮举中获得足够的领悟，最终赢回妻子的芳心？

回到鲍威尔这个人物。在影片中，鲍威尔自始至终支持麦卡伦违抗那些愚蠢自大的官员，并且在危急之时支持他、鼓励他。所以，在最后坏人几乎都被干掉了的时候，麦卡伦一走出大厦，首先就去找鲍威尔，给了他一个结实的拥抱，对他说要是没有他，自己就不可能活着出来。鲍威尔谦虚地否认，说自己只是尽了警察的职责，没有别的，更不是什么英雄壮举。

接着就出事了。一个还没死的坏蛋卡尔冲出大厦，手里拿着机关枪。他和麦卡伦四目对视，举枪瞄准。这回麦卡伦要完蛋了。可是当"砰！"的枪声响起时，人们惊讶地发现，倒下的那个人是卡尔。此时，镜头反转，显示这一次的确是鲍威尔救了麦卡伦。这里有意思的是，在电影脚本中，接下来鲍威尔大声说出了大家心中的想法：麦卡伦说得没错，没有鲍威尔，他不可能还活着。

可是电影没有按脚本来拍，鲍威尔没有说这样的话。他什么都没说。他的眼睛、他的表情表达了更深远的意义，与麦卡伦无关的意义。他的表情似乎在说："我鲍威尔终于又回来了！"不需要用言语告诉我们，我们在故事情节中已经深深地感受到了。

这个结局如此完美是因为它经过了精心设计——这条故事线上的每个节点都给鲍威尔加大了赌注。但在最后那一刻之前，虽然鲍威尔的确为麦卡伦做了额外的付出，但他还没有接受真正的考验。到卡尔气势汹汹地冲到门口的时候，我们才知道麦卡伦的存在对鲍威尔的意义所在，我们也知道鲍威尔必须战胜什么才能保护麦卡伦。他做到了，危急时刻救了主人公一命，在那个不讲"基情"的时代，他的勇敢相助展现出了一种感人的兄弟义气。

第十章　自查要点

- **你的故事里是否暗藏着无意的"铺垫"？** 你能保证故事里没有任何透露、暗示、提示某个假"铺垫"的成分吗？记住，要鉴别无意形成的铺垫，我们可以问问自己那个老问题："然后呢？"

- **有没有一个清晰的事件序列（也就是故事模式），始于铺垫终于结果？** 你是否确定故事中绝对没有结局骑在铺垫之上的"骑肩"现象？同样地，你能否确定每个铺垫都有一系列模式化的"节点"或"信息点"导向其结局？

- **这些"节点"能建构起一个模式吗？** 如果你把铺垫和结局之间的点连接起来，故事能讲通吗？能形成一个模式吗？你的读者能从故事线的进展中推断出情节发展规律，而对故事的后续发展有所期待吗？
- **你的每个铺垫通向结局的道路是否都合乎逻辑？** 记得一定要把每条由铺垫通向结果的道路理一遍，确保每条可能的道路都合乎逻辑。即使那些主人公由于形势所迫（其实是你的设计）不得不选择放弃的道路，也要合乎逻辑。其实这些你心里清楚主人公不会选择的道路，更值得注意。

第十一章
次要情节与倒叙

认知秘密：

为了理解眼前发生的事情，大脑会借助相关的记忆对它进行评估。

创作秘诀：

伏笔、倒叙、次要情节必须即刻给读者启示，使读者对故事主线上发生的事有更深入的理解，即使它们的意义可能随故事的展开而发生改变。

"如果记不住,我们就无法理解。"

——E.M. 福斯特(E. M. Forster)

人类进化出记忆力，有一个非常充分的理由：让你总能找到车钥匙，即使它不在你觉得该放车钥匙的地方。记忆力会从大脑过去获得的信息中挖掘出任何可能有用的东西，帮助你解决此刻面临的问题。所以，它能让你马上回想起有一天钥匙掉到了沙发坐垫后面（该死，现在不在那里）；还有一次顺手把它留在了前门门把手上（现在也没有）；对了，你十多岁的儿子喜欢趁你睡觉的时候偷偷"借用"一下。所以说，和由大脑构造决定的其他本能一样，大脑存储信息也是适应性的：存储信息用于支持对无法明确预知的未来的判断和决策。[1] 可以说大脑总结归纳一切——也许要除去死亡和交税。

在《认识自我》一书中，神经科学家安东尼奥·达马西奥提出："正因为自我与记忆相互作用，意识才具有一项对人类发展极为有利的能力，即意识能在想象的海洋里驶向未来，指引自我这艘小船安全地到达能有所收获的港口。"[2] 我们以过去为准绳，对现在做出快速判断，以从容地走向未来。此外，我们对过去的评估会因为后来得到的信息而发生改变。[3] 随着回忆对我们的意义不断发生变化，回忆本身也不断地被修正，以便其在将来发挥更大的作用。

换句话说，记忆不仅仅是为了怀旧，从来都不是。记忆的意义在于指导现在，而且不仅是个人的回忆，集体记忆更是如此。还记得前面我们给故事下的定义吗？故事是大脑的虚拟现实，让我们从主人公艰难困苦的经历中获益。[4] 这就像平时我们看着朋友、家人、仇敌，看他们踩在香蕉皮上摔一跤，讨论他们如何应对命运在他们的人生道路上设置的障碍，以从中得到教训或经验。我们乐在其中，因为它们带给我们启示，让我们看到如果自己采取类似的行动会产生什么结果，同时我们又不用在现实中付出代价。斯蒂芬·平克指出："八卦他人是所有人类社会都喜欢的消遣，因为'知情就是力量'。"[5] 这种"知情的力量"有时是我们对别人的支配力，有时是在关键时刻做出正确选择的力量。

总而言之，我们做过、见过、读过的一切所形成的记忆都会对我们此刻正要做的事情产生影响，同时记忆也反过来受当前事务的影响。这一点可以借用HBO热播剧《黑道家族》（The Sopranos）中的一段话来理解。托尼·瑟普拉诺在军师希尔催他狠狠教训意志薄弱的表弟托尼·布勒德托时，发出了这样的哀叹："恕我直言，你要当了老大就知道，你做的每个决定都影响到所有其他事情的方方面面，这么多事简直没法处理。"

生活是这样的，故事也是这样的。和托尼一样，创作者们也要面对这样的情况，不管情况多么棘手，任务多么艰巨。既然在主人公与其内在问题搏斗的过程中，所有这些记忆和决策都影响着她，那我们这里的问题是，你身为创作者如何把主人公的记忆、决策、自我全部编织到一起？如何展现与故事相关的主人公过去的点点滴滴（即使是她自己都没有意识到的过去）？如何展现改变她世界观的所见所闻，突显外部力量强加于她的影响？还有，如何使你的情节天衣无缝，使你的叙述顺畅、简练，不用停下来交代各种情况？

这时倒叙、次要情节、伏笔就有了用武之地。何时运用这些手段，如何运用这些手段，就是我们本章探讨的内容。我们将了解如何以"故事问题"衡量新信息，确保新信息是切题的。我们将分析次要情节增加临界深度的三种主要方式，探索运用倒叙、次要情节、伏笔的节奏和时机，讨论如何巧妙地插入一个小小的伏笔，以挽救整个故事。

◎ 乌鸦的秘密

有个很有意思的悖论：故事是两点之间最短的距离，这两点就是故事问题暴露的那一点和问题得到解决的那一点。然而，这两点之间的最短距离实际上却是迂回曲折的线路。也就是说，像乌鸦一样按螺旋式路线飞行。因为这不仅仅是从 A 点到 Z 点的问题，它还涉及影响主人公挣扎奋斗的一切，过去的、现在的、未来的、内在的、外在的影响因素，每一步都包括在内。

在纸张的平面空间中，以线性的字词为媒介，你如何呈现多层次、多角度的生活经历和人生体验？方法跟绘画一样：通过错觉。看似矛盾的是，要充分展示现实，唤起真实之感，必须先聚焦于故事的核心，排除所有对故事核心没有影响的现实的干扰因素。以便接下来运用次要情节、倒叙或伏笔，把过去的记忆、进行中的故事辅线、对未来的暗示等要素编织进来，好让读者看到他们必须看到的东西（必要信息），而不是一些无关的内容（造成可怕又致命的离题）。

要做到这一点并不容易，因为时机很关键，不容易把握。一条本来很重要的信息，如果给得太早，就中性化了，变得无关紧要，甚至成了干扰性的内容。如果给得太迟了，就会被读者诟病。因此，每个次要情节，每段倒叙，都必须从某个角度影响故事问题（即主人公的追求及其引发的内心挣扎），而且要让读者一读到它就明白其中的关联。因为，正如故事主人公总是透过"过去"这个滤镜看待"现在"，同样地，读者也是按照你前面讲述的故事内容来看待眼前发生的每个次要情节、倒叙或伏笔的。

◎ 次要情节：让情节丰满起来

一个没有次要情节的故事往往只有一个维度，读起来像是主人公的日志，而不是一种有启迪作用的真实生活的演绎。次要情节赋予故事深度、意义和感染力，其作用不可胜数：次要情节让主人公看到她正考虑采取的某个行动会有什么结果；使故事主线复杂化；揭示主人公行为背后的原因，等等。而且在发挥这些作用的同时，次要情节还能完美地堵上原本可能很显眼的情节漏洞，引入很快要起到关键作用的人物，向读者展示与故事主线同时发生的事件。次要情节能给读者一点必要的喘息空间，让读者的潜意识仔细琢磨故事主线的发展方向，这样就有助于创作者设定故事节奏。[6]

◎ 如何把握节奏：快、快、慢……

按照热门文学博主内森·布兰斯福德言简意赅的说法，节奏就是两个冲突之间的时间长度。[7]虽然冲突是推动故事前进的动力，但使读者全神贯注、忘乎所以的动力来自对冲突越来越强烈的期待。持续的冲突过多，就像平时不吃饭，只吃冰激凌。过不了多久你就会觉得它们恶心（不信你试试看），可能等不到让脂肪和糖分的香甜伴你进入梦乡，你就吐了。这就是我们上一章讨论过的内容。对读者而言，一旦某个模式变得完全熟悉、常态化、可预测，我们的注意力就会不由自主地游离，这是生物的普遍共性。[8]读者能接受的持续冲突是有限度的，超过了这个量他们就不会觉得故事诱人，就会转而考虑看电视。

如果你不停地设置冲突，故事很快就会失去吸引力。打个比方，假如现在气温32度，你会感觉挺热的吧？那再想象一下，自打你出生以来，室内室外各个地方的温度一直都是32度。这样的话，32度的气温就不会让你觉得热，32度就是常温。既然是常温，不管温度是多少，那也是无趣的常态。记得当年在一家汽车影院看了《夺宝奇兵》的第二部，快到结尾时，故事演变成了一个耗资百万、冗长单调的大型追逐场面，让我感觉无聊至极。为了不再损失脑细胞，我用剩下的半个小时清理我的座驾，结果令人相当满意。那天晚上最激动人心的时刻不是印第安纳战胜了坏蛋（他们已经开始拍续集了，当然没有悬念可言），而是我在杂物箱里找到了我最喜欢的那副太阳镜。

我们要给故事主线设定好一个节奏，在每次冲突平息之后再次汇集信息，积聚暗示，不断蓄积力量，推动下一次冲突的爆发，下一段突然的冲刺，下一个出人意料的转折。在每次冲突到达顶峰的时候，最好缓和一下，给读者留点时间去接受、消化冲突的结果，思考冲突的隐含意义，而这也是我们插入次要情节的时候。

◎ 次要情节：读者的期待

次要情节引导读者暂时放下眼前的冲突，拐到岔路上探险。但读者认为，沿这条路走下去，不久就会回到故事主线上来。读者通常乐意进行这样的短途旅行，因为他们相信，从次要情节回到故事主线上时，他对故事主线上正在发生的事情就有了新的更深的理解。

这是读者和作者在次要情节这个问题上达成的心照不宣的秘密协议。如果出现次要情节的具体故事原因一开始不是很清晰，读者是可以接受的，但他们仍然会隐隐期待这个原因能尽快变得清晰明了，因为他们相信作者会满足他们的期待。于是他们急切地想弄明白这个次要情节与故事问题有什么关系，会给故事主线带来什么影响。所以，你知道创作者该怎么做了吧？必须让次要情节产生影响！这一点怎么强调都不为过：所有次要情节最终必须直接或间接地融入故事主线，并且对主要情节有所影响，否则，读者会非常失望。过去失望懊恼的读者只能忍气吞声，但现在他们有电商平台了。我想你也不希望看到无数尖刻的评论，因为这些评论会让你潜在的读者对你的作品敬而远之。

◎ 次要情节：增加故事的层次感

我们知道，故事中一切都必须对主人公的目标追求产生影响。

比如，内尔的目标是考进耶鲁大学，所以看到高中历史不及格时，他很沮丧。这个影响清晰、简练、直接。这很不错，但它还可以更好。既然读者对情节发展的期待最能激发或增强其阅读兴趣，那么通过次要情节给读者提供同样的信息（内尔的历史不及格），不仅增加了故事悬念（读者会猜测内尔得到这个结果会有什么反应），而且也增强了故事的层次感。

比如，假设内尔的历史该得 A，但是在他辛辛苦苦撰写期末论文的时候，故事进入了一个次要情节：他的历史老师卡普卡克先生，一个严肃的老古板，决定要给全班学生不及格，因为他发现班上一个学生把他的脸 PS 到裸鼹鼠身上，然后把视频匿名上传到了YouTube 上。这个事件本身对内尔没有直接影响，但因为我们知道内尔的追求（进入耶鲁大学），所以我们立刻就明白内尔得到成绩这件事会对他产生什么影响。因此，回到故事主线，内尔快要完成期末论文，自我感觉良好，深信这是自己写得最好的论文，一定能得全班最高分，说不定他会因此得到在毕业典礼上致辞的殊荣。这时，我们却深感不安，因为我们知道他的梦想很快就会被击得粉碎，同时我们为这事愤愤不平，替内尔感到委屈，支持他想办法不让老师的阴谋得逞。我们成了内尔的拥护者，我们站在他这边，想保护他的利益和追求。同时，说实话，我们还会有点沾沾自喜，感觉自己高高在上，因为主人公不知道的事我们都知道。换句话说，我们已经全力介入了这件事情，并且我们能从接下来要发生的事情中获益。

但是，有一点要记住，虽然次要情节的存在意义和感染力主要在于它对故事主线的影响，但它也有自己的生命力。次要情节有张力，甚至其本身也有必须解决的故事问题。就拿上面这个例子来说，你就不想知道那位可怕的卡普卡克先生是不是真的能让全班学生都不及格吗？再者，难道你就不好奇他是怎么变得如此讨人厌的吗？

不过，不是每个次要情节都会直接影响主人公。有时它们的作用是赋予主人公必要的洞见，就像故事赋予读者洞见一样：让主人公从其他人物的不幸遭遇中获得经验。

◎ 镜像次要情节：像镜子那样呈现实像

我们在第五章中提到，镜像次要情节并非像镜子一样直接映照故事主线，因为没有读者愿意在多余重复的内容上花时间。因此，镜像次要情节主要围绕与主人公处境类似的次要人物展开，其中发生的事情对主人公不一定有直接的外在影响。相反，它们的影响是内在的，改变的是主人公对目前处境的看法。这是因为镜像次要情节揭示了解决故事问题的其他可能的途径。因此，它们起的作用要么是反面警示，验证不能选择的道路，要么提供一个新的视角。

举个例子，假设故事问题是丹尼尔和佩里能否挽救他们失败的婚姻。一个镜像次要情节讲他们的邻居伊森和菲奥娜因为感情不和直接离婚了。这件事会促使我们的主人公重新考虑自己的选择。看到伊森和菲奥娜恢复自由之后开心多了，丹尼尔和佩里开始在私底下各自探索自己的情感生活。

可是，随着镜像情节逐渐展开，它们往往与故事主线上的情节背道而驰。主人公耳边经常回荡起这个声音："这就是你一直梦寐以求的东西，可是你确定这是你真正想要的吗？"所以，最后伊森和菲奥娜对当初的分手后悔了，丹尼尔和佩里意识到，或许和你以为的"魔鬼"待在一起并没有那么糟糕。再说了，换个角度来看，"魔鬼"也有可爱的一面。

不管次要情节是不是具有镜像作用，但只有它们能给读者提供服务于故事主线的必要信息才有其存在的意义。次要情节对故事主线的作用可以是补充事实，可以是揭示人物的心理动机，也可以是疏通逻辑，目的都是为了让主要情节更合情合理。以下是次要情节发挥作用的三种方式：

1. 提供影响故事主线情节发展的信息。比如前面的例子，在次要情节中描述卡普卡克先生在看到 YouTube 上嘲弄自己的视频后气急败坏，心胸狭窄的他决定让班上所有学生的历史都不及格，这将对内尔的追求产生直接影响。

2. 大大增加主人公的任务的难度。卡普卡克先生让全班学生的历史不及格，这无限增加了内尔追求目标的难度。

3. 告诉读者一件能加深对主人公的理解的事情。暂时把卡普卡克先生放在一边，加一个这样的次要情节：内尔的爷爷教他给雪纳瑞狗修剪毛发，这说明内尔天生喜爱犬类美容，而耶鲁大学可没有这个专业。这样读者也许会想："诶，也许内尔并不是真的想进耶鲁大学，有没有这种可能？这样的话，历史不及格对他来说也许是件好事。"

◎ 掌握火候，把握时机

如果有朋友问你："喜剧的奥秘在哪里？"那么当你听他说到"奥秘"一词时，你就可以脱口而出："时机！"其实，次要情节及其近亲——倒叙,也一样。那现在的问题是,确认了其可行性之后,你该在什么时候把它们插入故事主线,才不至于让它们成为偏离主题的累赘?前面已经说到,次要情节有时能给读者一个暂时脱离主线情节的喘息空间(倒叙也一样),所以经常把它放在主要的情节转折点、突然的真相披露、出人意料的扭转等重大场景之后。目前我们还不知道的是如何准确评估次要情节或倒叙中的信息在那个时间点上与主线情节的相关性。既然倒叙也可能完全是次要情节,那么我们将在讨论时机艺术的同时也对它们进行一番探讨。

◎ 倒叙:起因是什么,效果又如何

最近有个学生和我说,他的一位创作导师明确告诉他,故事创作的首要法则之一就是永远、绝对不用倒叙。这让我想起上小学的时候,老师告诉我们,保持健康最好的办法就是多吃红肉,而且和土豆一起吃效果更好。哦,对了,我这样表述算不算倒叙?

事实上,我这位学生得到的建议有一定的道理,我怀疑那位导师的确是有感而发。所以我告诉他,导师提这么个建议只是因为碰到了太多失败的故事,这些故事的主线叙事毫无缘故地中断,有时是因为创作者要提供一些后面我们需要知道的重要信息,这算好的。糟糕的是,有时只是因为创作者要插入一些自以为有趣的东西,免费分享给读者。还有更糟糕的情况,有些倒叙全是解释评论,一页又一页,没完没了。

我还告诉他,这位导师的意思很可能是用不好倒叙就不要用。因为大多数人都用不好,所以她觉得可以这样概括所有人的情况。

的确，倒叙用不好的话会彻底毁掉一个故事。

这个"故事"还有后续发展。我作为客座讲师给一位同事的班级上课，刚讲完这个故事，同事就低沉地笑着说："哈，那个导师就是我。"当时别提有多尴尬了！好在她迅速补充道："没错，我给他这个建议就是你说的这个意思。"接着她感叹，多少原本不错的故事毁在了欠考虑的倒叙运用上！她说的完全正确。

一个不合时宜的倒叙就像在电影院里有个家伙不停地拍你的肩膀，而电影正讲到主人公即将失去一切的关键时刻。你不想让视线离开银幕，因为你知道，你一转头就会错失电影的高潮。所以，那个家伙要告诉你的必须是那一刻你非知道不可的事情，比如电影院着火了，或者你刚刚继承了百万遗产。

用倒叙和次要情节的麻烦之处在于它们会把读者拉出此刻正在阅读的故事，并将读者带入他们没有把握的未知世界中。这让我想起电影《美国风情画》(*American Graffiti*)快结束的时候劳莉对史蒂夫说的一番话。她说："你看啊，离家出走去找一个新家，放弃现有的生活去找新的生活，告别你爱的老朋友去找新朋友，那都是没有意义的。"的确如此。

这正是错位的倒叙给人的感觉。离开你心爱的故事，只是为了找一个新的故事。老师说，新的故事你未必喜欢。下面这个例子就是这种情况：作者知道要在某个节点让读者知道帕姆（主人公萨曼莎的妈妈）是狼群养大的，所以他觉得不妨现在就安插一段倒叙，描绘六岁的帕姆跟随狼群一起追踪猎物的情景。于是他随机地把这段倒叙安插在萨曼莎学织毛衣和她给新的男朋友杰斯罗做毛衣背心这两件事情之间。而读者此时正为萨曼莎费劲地学一平针二反针加油呢，现在他们一下子糊涂了。帕姆是谁？她为什么跟着一群狼在地上爬？

一开始，我们会尝试把两个故事联系起来。萨曼莎用的是那匹狼的毛吗？也许这是一场梦？但是当我们看着帕姆走向森林深处时，越来越强烈地意识到必须做一个选择，要么忘掉萨曼莎，关注这个新的故事，要么跳过这段莫名其妙的狼故事，翻到萨曼莎再次露面的地方。此时我们就像站在结冰的湖面上，两只脚下的冰块裂开，一分为二，往相反的方向移动。我们明白脚踏两边的局面维持不了多久，必须跳到这边或者那边，否则就会掉进湖里冻死。由于倒叙是往前移动的那一边，所以它通常就是我们避难的那块浮冰。

因此我们就跟着狼群走。这个故事可能也不错，至于萨曼莎这边，管他呢！跟着狼群奔跑总比看着人学织毛衣有趣多了。可是，正当我们转而追随帕姆走向森林的时候，作者突然把我们拉回那个老旧凌乱的单元房，萨曼莎坐在那儿织毛衣，她正好完成给男朋友的背心。不过我们现在想着的是帕姆，而且还在努力地想，这场森林深处的追逐到底和故事里的什么事有什么关联？即使后来我们发现帕姆其实是萨曼莎的母亲，那也没什么用了，因为现在，就在此刻，我们迷失了方向。这意味着我们以后很可能就不会这么做了。

我们真的需要用一段长长的倒叙来交代这个背景吗？安排几段背景故事不行吗？这也很可能行得通。可是背景故事和倒叙有什么区别呢？

◎ 倒叙和背景故事是一回事吗

这个问题经常被提起，答案是肯定的，它们就是一回事。相同的内容，不同的用法。背景故事就是出现在故事本身开始之前的所有情况，因此可以说它就是任何倒叙的原材料。那倒叙跟穿插背景故事有什么不同呢？很简单，倒叙是一个实际的场景，里面有对话有动作，所以它会中断故事主线的叙事，而穿插背景故事不会中断故事情节。事实上，背景故事是现在的一部分。

如果背景故事能被巧妙地编入故事主线中，那它就只是文字片段，回忆碎片，甚至只是一种由过往经历诱发的态度，当主人公经历和评估现在发生的事情时，这些片段闪过他的脑海。这里有个典型的案例，摘自沃尔特·莫斯利（Walter Mosley）的小说《恐怖之源》（*Fear Itself*）。故事发生在20世纪50年代的瓦茨，在这个片段中，主人公帕里斯·明顿在想，为什么他似乎总是甘为朋友菲尔里斯·琼斯冒生命危险。

> 凡是认识我但不认识菲尔里斯的人都会感到惊讶，我居然让自己处于这样一个具有潜在危险的境地之中。在世人眼中，我是个遵纪守法、谨小慎微的人。我不吸毒、不赌博、不偷东西，不做任何可能违法的事。我从不吹牛（除了吹一吹那方面的能力），唯一一次强悍的举动就是对着关在笼子里的野兽大吼大叫。
>
> 但是事关菲尔里斯的时候，我经常不由自主地变成了另一个人。在很长一段时间里，我以为那是因为他曾在旧金山一条黑巷子里救了我的命。这事的确极大地影响了我对他的态度。可最近这几个月我感觉，可能是菲尔里斯身上的某种东西促使我变得不一样了。部分原因是，有他在

我身边，我就感觉没有什么东西伤得到我。我是说，西奥多·蒂默曼本来已经把我干掉了，可菲尔里斯阻止了他，这几乎是不可能的事。不过也不仅仅是安全感。菲尔里斯就是有一种本领，能让我感觉到仿佛有他在旁边我就更像个男人。我的想法没有改变，在我心里，我仍然是个胆小鬼，可每当菲尔里斯找我的时候，即使双腿发抖，我也更能勇敢地站起来。[9]

文字极为简洁，简洁使之更有感染力，这两段阐明了帕里斯的观点，让我们得以了解他的世界观、价值观，还有最重要的一点：这样的世界观和价值观是如何形成的。同时，在不中断故事叙述的前提下，作者还给我们提供了关于他过去的一些重要细节。

倒叙所起的作用与此相似，但是需要按下故事暂停键才能进行。倒叙会带走读者全部的注意力。这就意味着，采用倒叙手法时最好要有个非这么做不可的明确理由，否则它又会成为一个累赘。欠考虑的倒叙让我的同事得出了这样的结论：与其让那些只会自毁故事的人乱用倒叙，不如干脆禁止使用。

◎ 倒叙与次要情节：利用因果关系，合理安排时机

好消息是，有一套实用的因果法则，可以使倒叙或次要情节与故事主线无缝衔接。

1.故事进入倒叙只有一个理由：没有倒叙提供的信息，接下来发生的事情就没有意义。因此，在安插倒叙之前必须有一个具体的

原因或需求。

2. 这个原因必须清晰明确，使我们从倒叙开始的那一刻起就明白为什么要插播一段倒叙。我们必须清楚地了解为什么现在需要知道这条信息。

3. 随着倒叙的展开，我们要能感受到这段倒叙与前面暂停的故事之间有什么关系。

4. 倒叙结束之时，它所提供的信息必须能够即刻影响到我们对该故事主线的理解。倒叙结束了，就一定要能够给我们提供必要的信息，缺了这一信息接下来发生的事情就讲不通。这并不是说倒叙里就不能有要读到后面才明白其意义的信息，而是说只有这样的信息是绝对不行的。

◎ 伏笔：一张真正的"免罪卡"

经常出现这样的情况：你已经仔细设计好了主人公斯蒂芬妮应对挑战的办法，而且她一直都表现得还不错，直到她发现，为了揭露塞德里克叔叔隐瞒的真相，她必须藏到楼梯下小小的杂物间里，但她并不知道要在里面待多久。这本来也没什么，可是这时你想起来，为了解释为什么在迪斯尼乐园她不能带侄女贝基坐那艘不幸的潜水艇，你已经在第二章让主人公得了幽闭恐惧症。现在怎么办？如果你无视她有幽闭恐惧症这一事实，坚持让她一晚上蜷缩在那个不透气的小隔间里，那你的读者很快就会发现这个漏洞，当场发封邮件嘲笑你，毕竟现在已经是数字化时代了。但是，如果你回头让她带着贝基去坐那艘该死的潜水艇,那就会改变自那以后发生的所有事情。你该怎么做?这时候伏笔就派上用场了。

在害怕坐潜水艇和不得不藏在小隔间中间的某个时候,斯蒂芬妮或许会反思自己,决心克服对狭小空间的恐惧。比如,让她每次爬三十层楼梯去办公室时都在想:"妈呀,电梯怎么这么小啊。"这样的话,当她最后不得不挤进一间堆满笤帚、拖把、抹布的杂物间的时候,这个情节就不会成为读者嘲笑的漏洞,相反,它会成为又一个被精心设计的考验主人公的障碍。

◎ 且慢,我是不是漏了点什么

不要低估一个小小的逻辑缺陷可能造成的破坏。举个例子,假设我们知道朗达深爱着托德,今天是他俩的结婚周年纪念日,现在她去市场买菜,打算给他准备一桌浪漫的晚餐。路上她无意中瞥见托德亲吻一个神秘的陌生人,可朗达既没有火冒三丈,也没有泪流满面,她竟然毫不在意。然而,读者在意啊,因为突然间朗达表现得完全不正常,我们读者真想给作者打电话,问问这到底是怎么回事。

如果我们真的打电话给作者,他可能会哈哈一笑,告诉我们不用担心,朗达这种反应有其充分的理由(只是目前显得不可理解),他会指出,理由其实就在下一段中,要是我们耐着性子再读一两行就能知道了。

那么,作者和读者,谁对谁错呢?

当然是读者对,从来都是如此。原因如下:就读者而言,从朗达看到托德亲吻别人却没有任何反应的那刻起，故事就戛然而止了。情节突然变得不合情理，一下子把读者抛出了故事，读者又回到了自己的思维意识中。也就是说，她停了下来，待在原地，开始思考。她想知道自己是不是错过了什么。也许托德是那种偶尔发健忘症的人？因为健忘症发作，所以他忘了妻子的模样？虽然这样的停顿也许只有一纳秒，但它中断了故事的发展势头。这就是为什么即使答案就在下一句也无济于事。后续交代有什么用呢？已经给读者造成了障碍！

所以，请不要让这样的情况出现。

◎ 怎样让读者相信故事主人公真的会飞

其实没有故事主人公办不到的事情（腾空而起，穿墙而过，倒背词典等），条件是你要先埋伏笔，暗示主人公有此天赋，这样到后面主人公身处困境的时候就能派上用场。所以，如果你想粉碎、扭曲、重构某个宇宙定律（打破我们视为理所当然的普遍规律），那你必须提前给我们打个招呼，给我们一个预警。如果你的故事涉及科幻、奇幻、魔幻现实主义的内容，这一点尤其重要。虽然让主人公在你创造的那个世界里遨游是你作为创作者的自由，但同时你也必须负起额外的责任。你要为你的这个故事世界确立通行的逻辑法则，并且严格遵循这些法则。这样的话，当你提示情况要发生转变的时候，读者才会明白这个新的变化是怎么来的。

同样地，当你想让主人公的行为偏离常规的时候，你也要先有预警。我们都知道，如果不吃饭就会饿，不喝水就会渴，过马路不看两边，就可能被一个光顾着发推特的傻瓜撞倒。所以，如果你的主人公不遵循生活中最基本的因果法则，我们就会不太高兴。我们的不满是不由自主的，因为我们的大脑把它对这个世界运行法则的认知作为判断人物的可信度的默认基准。[10] 我们不喜欢跳出来问这样的问题："嘿，主人公被撞倒了，难道他不会流血吗？"

不是说他一定得流血。不是这个意思，但是如果他不会流血，你最好在这之前先给我们一个充分的理由。等他倒在路上时你才笑着告诉我们："哦，顺便说一下，约翰是个火星人。我没有提过火星人是橡胶做的吗？当车撞上他的时候，他不会觉得疼，只会觉得痒。"

所以，如果想让人物的行为表现超出基本的生活常规，那就要提前让我们知道以下两点中的一点：

1. 他们有能力这么做，因为我们之前曾看到他们这么做。比如，温迪要把多娜锁在一间密封的地下室里，然后抽光里面的氧气，那我们就不想等到她启动开关的那一刻才得知多娜有穿过铜墙铁壁的能力。所以，如果之前就让我们看到过一两次多娜穿墙而过，而且最好是不经意间让我们看到，那么现在我们就会明白她的处境，等到温迪锁上门的时候，我们就会松一口气，知道多娜这次又战胜了温迪。

2. 如果不是实际看到过多娜穿墙而过，那我们必须得到过足够的"提示"。这样的话，一旦她真的穿墙，就不会显得不可信，甚至还能满足我们的期待。难怪多娜小时候这么会玩捉迷藏的游戏！记得那次她斜靠在墙上，结果差点摔倒了，原来是这么回事！（当然，要注意这一点：当这些事情发生的时候，它们本身必须是有意义的,而不能很突兀地矗立在那里,上面还贴个标签:"别担心,到后面会解释。")

即使再三提醒,很多创作者还是忍不住强行安排故事人物去做那些他们根本不可能去做的事情,以满足情节的需要。电影中可以找到一堆这样的现象。比如,埃德加有斯坦福大学火箭科学和应用心理学两个专业的博士学位,会讲六国语言,空手道黑带,业余创作的几部悬疑小说都很畅销。然而,当一个紧张不安的陌生人气喘吁吁地跑过来,求他把一个未经严格密封的包裹从墨西哥带到美国时,他居然毫不犹豫地答应了。作者这样安排,是因为如果埃德加不在过境时被捕,那么整个第三幕就不成立了。

创作者们应当克制这样的冲动。倾听故事人物的心声,他们求你给他们做的每件事、做出的每个反应、说出的每个字以及他们大脑中闪现的促使他们改变心意的每一段回忆提供一个可信的理由。这就是运用得当的伏笔、倒叙和次要情节所起的作用。读者愿意进入这样的岔道,因为他们从自己的生活经验中得知,对过往的回忆往往会提供给他们一些不容忽视的智慧。

第十一章 自查要点

● **是不是所有的次要情节都会对主人公与其内在问题的斗争产生内在或外在的影响?** 读者会读次要情节不是因为它们生动有趣或文字优美,也不是因为它们能缓解故事主线给读者带来的紧张感。虽然这三个作用次要情节可能都有，但最重要的是，读者希望次要情节的存在是必定会服务于故事本身的。所以请自问：这个次要情节对主人公的目标追求有何影响（即使其影响微乎其微）？为了真正理解主人公身上发生了什么，次要情节给读者提供了哪些不可或缺的具体信息？

- **当你转入一个次要情节或倒叙时，你的读者能否感知它必须出现在那一刻的原因？** 你要确保其出现的逻辑清晰明确，跃然纸上，而不是仅仅把它存留在你的脑子里。当你偏离故事主线的时候，你要让读者心甘情愿地跟着你走，而不是让他们满腹牢骚。

- **回到故事主线时，你的读者会开始以全新的视角看待事物吗？** 你要让他在返回故事主线时感觉自己好像有了一双新的眼睛，能够洞察情节发展的内在逻辑。

- **当主人公的行为表现超出其性格常态时，你有没有在这之前埋下伏笔，提供预告？** 要确保此前已经给了读者足够的提示，保证读者的反应是"原来如此"而不是"怎么回事"。

- **你有没有给读者足够的信息来理解正在发生的事情，以使读者确信自己没有遗漏什么？** 绝不能让读者停下来苦苦思索自己错过了什么，然后逼得读者往回翻看，试图找出答案。

第十二章
轮流坐庄才公平：创作者大脑研究

认知秘密：
在大脑能够进行无意识加工之前，我们需要通过长期有意识的努力来磨炼一项技能。
创作秘诀：
没有一气呵成的创作，只有一改再改。

"第一个原则是你不能自欺欺人,因为你自己是最容易被欺骗的人。"

——理查德·P. 费曼 (Richard P. Feynman)

我们前面一直在讨论读者的期待,从读者必然的期待这一角度来分析故事。那我们创作者的期待呢?要创作一个跃然纸上的故事,创作者们的大脑是如何适应开篇提及的创作等式的?既然轮流坐庄才符合公平原则,那么接下来就该把创作者们的 DNA 放在显微镜下研究一番了。那我先来吧。

不久前我发现了一件奇怪的事情。每当我拼错一个单词时,我越是努力地回想它该怎么拼写,就越是拼不对,而如果我不假思索地直接重写,就像扯开一块创可贴一样痛快,十有八九能拼对。所以有一段时间,我到处和人说我的大脑不会拼单词,但我的手指知道怎么拼。其实后来我发现,会拼写的还是大脑,大脑掌握的本领比我原先以为的要多得多,而且很多是在潜意识状态下的能力。

神经精神病学家理查德·瑞斯塔克曾说:"很多时候我们因为过度思考而降低了准确度和效率。"[1] 他举了一个我们熟悉的例子,不少人想起这件事还会懊恼:以前在学校做多选题的时候总是想要改变自己最初的选择。研究发现,如果我们坚持最初本能的选择,按指示继续做下一题,那么我们得到的可能是"优",而不是"算了，不提了"。我们现在仍然能从那段令人沮丧的经历中得到一个教训：我们越努力，反而做得越糟糕。[2]

那是否意味着跟着感觉走就是最好的办法？那是不是应该忘掉我们之前讲的一切，加入"随性派"（就是那些什么都不管，只按自己的感觉写作的创作者）？在你拿主意之前，最好先看一下后面的"附属条款"：瑞斯塔克接下来说，只有在你为考试做好了充分准备并将所有资料都烂熟于心的前提下，跟着感觉走才行得通。[3]

可能出于同样的理念，17世纪作家托马斯·福勒（Thomas Fuller）曾说，所有的事情在变得容易之前都是困难的。诺贝尔奖得主赫伯特·西蒙（Herbert Simon）估计，真正掌握一门学科大约需要10年的时间。到那时，我们储存了5万多个知识"组块"，而且大脑还条理清晰地给它们加上了索引，所以我们的潜意识能随时独立检索到每个组块。他进一步解释道："这就是为什么很多时候专家们面对问题能做出迅速的'直觉式的'响应，而且常常无法具体地说明他们得到答案的过程。直觉不再神秘。"[4]

达马西奥也表示赞同："当我们把一项技能打造得精湛无比，以至于意识不到完成它所需的技术步骤时，我们就会将这项专业技术'外包'给潜意识。我们在清晰的意识状态下锻炼技能，然后我们把它们转入'地下'，进入我们宽阔的潜意识空间……"[5]

正是通过这一过程，我们才能形成肌肉记忆，创作者才能凭借直觉来写故事。好消息是，你的10年学徒期可能很早就已经开始了。你可能早已知道（可能没有意识到，但至少在潜意识里），写作过程的很大一部分是改稿，而且可能是满怀热情地修改。

因此，我们将在本章中分析为什么完成初稿时的兴奋感并不靠谱；讨论为什么获得毫无保留的批评至关重要；探讨为什么修改是写作过程中必不可少的一部分；分析"创作团队"的优缺点；了解专业文学顾问的好处；在无情的陌生人开始残忍地攻击你的本质（你的作品）之前，先想办法练就一副厚脸皮。

◎ 跨过终点线时的兴奋

你完成了初稿，所以你兴奋不已。你甚至不敢相信故事真的完工了。你曾无数次想放弃，但还是坚持了下来。你从望而生畏的一片空白开始，缓慢而艰难地行进到了创作者眼里最美的字眼："完"。接下来出去庆祝庆祝，那也是应该的。第二天早上，你依然沉浸在大功告成的兴奋之中，觉得在把书稿交给代理人之前再看一遍不失为一个好主意，也许能找到一两个错字。可是看了一两页之后，你就发现了一个世纪之谜：为什么当时写的那些充满悬念的场景，如此引人入胜、发人深省，现在却变得如此平淡无奇？难道有个捣蛋鬼趁你睡着的时候钻进了你的电脑？

这时你真想一删了之，彻底放弃，干脆去学形意舞，但是，你要知道每个人都会遇到这种情况。故事创作是一个过程，牢记这一点不仅很重要，也能让我们安心。初稿中必然会有与故事情节相关的问题，所以不要对自己太苛刻。这不是你的问题，这是创作的共性。如果说所有成功的作家都要经历一件事情的话，那这件事就是改稿重写。从我的经验来看，撇开天赋不说，区分崭露头角的创作者和没能成功的创作者的因素之一就是其坚持和执着，外加全神贯注找出问题所在并进行修改的极高的热情。

我说的你不相信？那约翰·欧文的话总该信了吧？他说："我将一半的生命用于改稿。"[6] 多萝西·帕克也曾说："虽然我写不出五个字，但我一口气可以改七个字。"[7]

再比如《迷途青春》的作者卡洛琳·里维特，她在把第九版小说稿交给代理人之前就改了多次，之后又根据代理人的建议修改了四次。那本书很快就卖出去了。其后，她又根据编辑的要求四易其稿。

还有年轻的文学作家约翰·H.里特（John H. Ritter），他估计自己每部作品出版之前都改写了十五次。加州大学洛杉矶分校的编剧部主席理查德·沃尔特也爆料说，他当年的学生、现在的著名编剧大卫·凯普愿意根据制片公司的要求一直改到第十七稿，当然，到了那个地步他也会有点抓狂。

我们可以借用欧内斯特·海明威（Ernest Hemingway）的话来总结这些作家的经验之谈。他以其特有的直率口才说道："所有的初稿都是垃圾。"不过，他这样说并不意味着你就可以肆无忌惮地自我表达，也不意味着如果第一稿不"重要"，你就不必从第一个字开始努力。其实初稿有初稿的价值，因为从初稿成形的那一刻起，它就是你加工、增益、重塑、配对、解析以及最终抛光处理的原材料。第一稿绝对重要，即使它很糟糕。但是记住，"努力尝试"（这是你需要做的）与"试图使之从第一个字起就完美无瑕"（这是你不可能做到的，只会让你望而却步）有天壤之别。初稿的目标不是把文字写得多么优美，而是尽可能地接近你确定要讲述的那个深藏于心的故事。

所以，无论是第一稿还是第十五稿，都请放松心态，不要每次改稿都想着达到理想的效果，你要做的只是让你的故事一次比一次更好。故事有多个层次，其中发生的每件事都会影响到其他所有的事情，更会涉及各个细微的层面。所以，当你在修改某一个问题的时候，你很有可能牵动了其他地方的某个环节，于是这个地方也需要改动，以此类推，牵一发而动全身。也就是说，一次改稿不可能解决所有问题，既然如此，何必强求？

但是，当提到跟踪记录谁对谁做了什么以及为什么这样做时，创作者们倒是具备一个与生俱来的优势。也许算不上什么超能力，但非常有用，尤其在你开始改稿的时候。容我慢慢道来……

◎ 创作者的大脑优势

最近，进化心理学家罗宾·I.M. 邓巴（Robin I.M.Dunbar）提出了一个问题，这个问题也是从一开始就困扰我们的问题：既然世人皆有欣赏故事的能力，为什么优秀的创作者却寥寥无几？他的研究表明，其中一个关键因素是我们称之为"意图性"的东西，通俗地讲，"意图性"就是我们推测他人想法的能力。必要时，大多数人能够同时保持五个思维状态。邓巴说："观众在思考莎士比亚的作品比如《奥赛罗》时，他们必须从四个意图层面进行思考：我（指观众）认为，伊阿古企图让奥赛罗误以为苔丝狄蒙娜想要 [移情别恋]。当莎士比亚把这出戏搬上舞台，呈现在我们眼前时，他会在关键的场景中让四个人物互动，迫使我们在第五个层面上思考——也就达到了大多数人的极限。"[8]

那么优秀的创作者有何与众不同之处？创作者的大脑能够掌握

我们知道的信息,故事人物的想法,同时还能追踪读者的想法,有时候能达到第六个层面甚至第七个层面。听起来像玩电脑游戏是吧?

所以,跟踪记录故事中每个人物对于现实的理解很有帮助,特别是在改稿过程中深入挖掘的时候。

◎ 环环相扣,层层递进

身为创作者,你知道故事的整体情况。你知道故事里真正发生了什么,你知道宝藏埋在哪里,知道主人公不管如何搜寻也只会空手而归。你知道谁骗了主人公,谁说的是真话。你知道哪些是真相,哪些是假象。

而在故事中,你笔下的人物往往并不清楚事情的真相,这意味着他们的所作所为是基于自己心目中假定的世界,而不是他们真正所处的世界——也就是你为他们设置的世界。

这就是我们身为创作者经常忽视的地方。因为我们自己知道真相是什么,未来会怎么发展,所以忘记了笔下的故事人物们并不知道这些。也就是说,在故事的任何一个时间点上,都有四五个世界在同时运转。

此话怎讲?

是这样的,首先有一个真实的世界,即故事的客观世界。这个世界是实际统括一切的世界,是所有事情发生的空间场所,在这个世界中,事物就是其本身的客观存在,未加处理。故事中往往没有一个人物对这个世界有完全充分的了解。事实上,这也是不可能的事,因为没人能够通晓一切(即使是在虚构的世界中)。因此,每个人物只能了解一部分的"真相"。他们了解的情况有一大部分是错误的，而这往往就是诱发冲突的原因。而且最重要的是，每个人物对所有的事情都有自己的理解。

当然，故事主人公并不这么认为，他认为自己看到的"真相"就是真实状况，并以此为基础展开行动，结果经常为此付出了沉重的代价。比如，罗密欧伤心欲绝地回到维罗纳，确信朱丽叶已死，因此做出了他认为唯一可行的选择：他喝下毒药，戏剧性地自杀了。因为他无从知道，短短的两分钟后，朱丽叶吞下的药物失效，她就打着哈欠醒了过来。他们本来可以一同离开，从此幸福地厮守一生。在这个例子中，客观的"真实世界"和罗密欧以为的真实世界是两个不同的世界，这就是造成悲剧的根源。

◎ 对比现实

所以有必要在开始写作或改写每一个场景的时候，问问自己下面这些问题：

- 在故事的"现实世界"中，到底发生了什么（客观地说）？
- 每个人物相信的是什么？
- 矛盾出现在哪里？（乔以为爸爸偏爱哥哥马克，所以乔总是要尽力赢得爸爸的肯定，而马克知道爸爸实际上是个邪恶的外星人，所以马克从弟弟出生开始就一直保护他。）
- 根据每个人物所认定的真相（而不是真正的真相），他们在这个场景中会有哪些相应的行为表现？

- 以每个人物所认定的真相为依据，他们这个场景中的所作所为是否合理？

你可以给整个故事制作一个图表。

◎ 何人何时知道何事

首先，你要做个时间轴，按"现实世界"实际发生的时间顺序记录整个故事的情节发展。比如《罗密欧与朱丽叶》：罗密欧遇到朱丽叶；他们相爱了；她叫他阻止两个家族之间的争斗；他尽力劝阻，但结果却杀了她的族人；她父母将她许配给一个怪异的老男人；罗密欧不知道朱丽叶被另许他人，暂时逃离；朱丽叶在神甫的帮助下假死逃婚，并给罗密欧寄了封信说明自己的计划；罗密欧没有收到信，骑马赶回维罗纳，在教堂地下室里找到了服药假死的朱丽叶，以为她已死去，自杀殉情；朱丽叶醒过来，意识到发生了什么事，也自杀身亡；两个家族和解。

在这个总的时间轴底下，给每个主要人物制定一个相应的时间轴，列出他们所认定的事件真相。这些时间轴不仅可以准确反映人物的想法在何时何地产生了分歧，而且可以确保人物的反应与他们当时以为的真相保持一致。

最后，你还要给读者的信念转变做一个记录表。每到一个场景就问问自己：读者会认为这里发生了什么事情？这个问题很重要，也许你该合上笔记本电脑，换掉睡衣，到现实生活中"试试水"。经过我们前面的讨论，你应该已经完全清楚读者本能的需求和想法了，所以你可以利用这些知识进行一番调查。

◎ 初级反馈

在你获得那些让你心塞的批评（就是除了"这是我看过的最好看的故事，哪里可以买到"之外的所有评论）之前，你可以试着先获取一种极为有用的反馈，这种反馈在写作的任一阶段都能获得，而且不必承受任何人的批判。而且由此得来的信息往往清楚、简洁、明确，方法也简单易行，你甚至可以叫罗利大爷给你这个反馈。当然，最好找不清楚你写的是什么的朋友或家人帮忙。你要做的就是请他们阅读你写好的内容，然后在每个场景的结尾回答下面这些问题：

- 你认为接下来会发生什么？
- 你认为谁是重要人物？
- 你认为各个人物想要的是什么？
- 有没有很突兀的地方，让你感觉像圈套？
- 你认为哪些信息非常重要？
- 你渴望知道哪些信息？

他们的回答有助于你弄清楚有多少故事内容还没从你的大脑里转移到稿纸上，当然它们还能帮助你发现情节漏洞、逻辑错误、离题内容、冗余累赘以及大段平铺直叙等扼杀故事生命力的问题。但是你一定要告诉他们，目前他们只需回答这些问题，其他一概不谈。不然的话，罗利大爷会刹不住车的，你会被迫听完他的长篇大论。比如，故事最好设定在泽龙星球，不要在克利夫兰；主人公最好是个银河战士，而不是幼儿园教师；最好能搞出大新闻，不要只是让华利向简扔把沙子等。

◎ 其他人的意见

不过到了一定的程度（比如，第三稿、第六稿或第二十七稿），你要换些人来认真阅读你的故事。因为不管你多么客观地看待自己的稿子，多么无情地剔除离题的内容，多么绝情地把故事里的一切交给他人审查，也还是你自己在做这些事情。而且无论你有多么厉害，有一件事你是绝对做不到的：第一次阅读你自己写的故事。在你开始阅读之前，故事就已经在你的脑海里了。你明白每件事的意义，又知道它的发展方向，但你怎么知道书上的这些文字能在其他人的大脑里唤起相同的东西？他们手里只有等待被阅读的文字。还记得希斯兄弟提出的"知识的诅咒"吗？也就是说，你无从知道你的故事对他们的影响。

所以你得把你的故事交给这世上最无情的东西：读者的眼睛。故事的读者可以是值得信赖的作家朋友、创作团队、聘请的专业人士，或者让他们都来，这样会更好。这个做法感觉有点像邀请左邻右舍围观你的孩子们在院子里玩耍，并且允许他们随意点评自己的孩子们。猜猜会怎样？他们很乐意过来。同样的道理，读者也会很乐意对我们的"宝贝"进行点评，因为对他们来说，你笔下的故事不是"宝贝"。他们批判的就是对故事有害的杂质。

换句话说，正如幽默作家富兰克林·P.琼斯（Franklin P. Jones）所言："诚实的批评令人难以接受，尤其是亲人、朋友、熟人或陌生人的批评。"

◎ 拥抱反馈

获得外部反馈，然后认真听取，其重要性怎么强调也不过分。此外，更难的是，你要保证给你反馈的人真正具备这方面的能力。这就意味着，故事的第一批读者不仅要能够找到使他们对故事失去兴趣的原因，而且要能够及时发现故事偏离正轨之处。来看看这个例子，有个叫佐伊的女作家写了一本回忆录。佐伊成长于一个小社区，她妈妈是当地的名人，所以佐伊从幼儿园起就是公众关注的焦点。更厉害的是，她的人生经历听起来就像一部非常成功的电影，那种让你笑、让你哭，又留给你真实的希望之感的"本周最佳电影"。可问题是，她不懂如何讲好这个故事。如果没有真正的叙事线索（也就是没有故事问题，没有主人公的内在冲突），这本书就无法被当作一本像样的小说（故事书）。所以没过多久，在开始形成的那点势头慢慢消散之后，它就只剩下一个个支离破碎的片段。大概在第三章的某个地方，故事就变平淡了，之后也没有掀起任何波澜。单个场景写得再好也没有用，如果没有一个统揽全局的语境，这些场景就没有意义，因为读者不知道要从中了解什么，也不知道回忆录将走向何处。

可是佐伊自己知道，她当然无比清楚。怎么会不清楚呢？这是她自己的人生。她把文稿给几个亲友和学院里的一位老教授看，他们都说很喜欢，都说写得很好。所以当她的经纪人提出具体修改建议时，她根本就没听，而是花了几个小时解释为什么这些意见都没必要采纳，为什么每样似乎缺失的东西其实都已包含在文稿里面。她觉得文稿已经写得够好了。她是个讨人喜欢的青年女性，有着丰富的人生阅历（她的回忆录可以作证）。很快，她表明了自己的态度：不会让步。于是，这个文稿被原封不动地提交给了二十家出版社的编辑们。这些编辑与她素不相识，也不可能听她长篇大论地解释那些他们一眼就看出来了的问题。结果每位收到文稿的编辑都拒绝了她，而且每封退稿信上的回复都类似于经纪人提过的但被她置之不理的建议。

没错，亲友们都觉得她写得很完美，但这是因为他们熟悉她的故事，所以能自动地填补她无意中留下的空白。另外，更害人的是，亲友们喜欢她，他们会觉得她能坐下来写出一本厚厚的书就已经很厉害了，所以无论她怎么写，他们一般都会喜欢。换句话说，她的亲友们爱读这本书不是因为她写得有多好。

难道他们说这本书写得很好其实是在哄她开心？当然不是，只是他们对她的文稿的评价标准，跟走进书店随手从书架上抽出一本书开始阅读的读者采用的标准是不一样的。

但是他们自己没有意识到这一点。更糟糕的是，他们很可能说不清自己喜欢一本书的标准是什么。就像一句老话："不知道什么是色情文学，但拿到面前一眼就看得出来。"这说明这是一种本能的直觉。或者，以色情文学为例，有时候那种直觉就是生理反应。

事实上，你几乎无法区分阅读一本好书时的直觉和阅读好友写的文稿时的直觉。我们很容易错误地理解直觉的来源。有一个经典的实验，让一位妙龄女郎走近一群男人，男人们正走在一座让人心惊胆战的吊桥上，下面就是万丈深渊。她请他们做了一份问卷调查，名义上是为了完成一个课程项目，她还给他们留下了自己的电话号码。接下来她对数量相等的另一群男人做同样的问卷，也留下了电话号码，只不过这群男人已经走过吊桥，坐在长椅上休息。后来，桥上 65% 的男人给她打了电话，而坐在长椅上的男人中，给她打电话的只有 30%，因为当她接近的时候他们的心已不再怦怦乱跳。[9] 这就说明他们当中多数人把源于恐惧的肾上腺素激增误以为是碰见美女的结果。同样的道理，朋友和家人容易把读你大作时的兴奋感错误地归因于你出色的写作技巧，而实际上那只是他们在知道这是你写的书时产生的兴奋感。当然，并不是说你写出来的东西就一定不是一流作品，而是说他们也许没有能力鉴别优劣。

换句话说，爱是盲目的。

即使爱不盲目，它也会倾向于赞扬、支持。当你在读朋友的作品时，你在情感上就先站在了她那一边。所以，就算直觉告诉你，也许她现在还不是辞去工作专心创作的时候，你还是会先想到这是她的呕心沥血之作，它对她来说意义重大，所以你不想让她伤心，也不想毁了你们的友谊。熟人的情况也是如此，也会碍于情面。没人喜欢听坏消息，坏消息必然会引起强烈的抵触情绪。像佐伊这种情况的话，直言批评的结果很可能就是使关系变得紧张（而紧张的冲突正是这本文稿所缺乏的）。我们知道，虽然故事中的冲突是吸引我们的主要因素，但在现实生活中，冲突是人们极力避免的状况。所以，当你读到朋友的文稿，发现里面没有冲突时，你并不会直接点明，因为你不想制造现实生活中的冲突。

于是你会找点好听的来说，比如，"这个背景假设不错""主题很妙""地域感很强""真实，感觉真的到了巴斯托一样""蒂凡尼抓到塔德翻她的内衣抽屉时的反应很机智，这段很精彩"。朋友眉开眼笑，而你并没有说半句谎话。只不过有些话忍着没说而已。而且你完全可以心安理得地对自己说：我又不是专业的文学评论家，也许这本书真的不错呢，只是我太笨欣赏不了而已。于是，你放心地松了口气，热情地为文稿做无错辩护。

但是，这样的反馈是你身为书稿的作者真正需要的吗？光听别人的肯定和鼓励？嘿，为什么不要别人的肯定呢？你为它呕心沥血，当然希望听到别人对它的肯定："完美""精彩"，这些都是你想听到的。然而，换个角度想想，你会这么宽容地看待给你治病的医生吗？如果你要乘坐的客机的飞行员可能犯一点"小错误"，你能容忍吗？

好像有道理，不过，话又说回来，你写的故事不是应该属于你自己吗？谁说创作者一定要取悦大家？还有，最重要的是，我们写作不是为自己而写，表达自己的心声吗？也许是。不过，再换个角度，你作为读者读一本小说时，你是真的想了解作者的心声吗？你有想到过作者吗？作为读者，我们想看到的是可能与我们自己有关的东西。专注于表达心声的创作者常常忘了这个事实：就读者而言，作品是交流的一种形式，写作并不是自我表达。说到这儿，我们又要讲到一个需要破除的迷思。

神话：创作者是叛逆的，生来就是要打破规则的
现实：成功的创作者都遵循规则

创作者常常是叛逆的，职业决定我们逆流而上。我们对熟悉的事物有新的见解，我们的目标就是把新的见解转变成故事，让其他人走进我们的世界。既然我们讲究原创，那为什么还要固守一套令人厌烦的老标准呢？我们就不能摆脱这个束缚，自由地呼吸吗？毕竟，我们是创作者，我们创造了故事，为什么就不能自创规则呢？

说到创作规则，总会有人提起科马克·麦卡锡，说他不讲规则，但他却能赢得普利策奖。而我的回应一直是：他其实遵循了规则，只是他遵循规则的方式很特别，所以他所遵循的规则很容易被当作一套新的规则。的确有一些文学大师的风格独树一帜，他们能以一种似乎无规律可循的方式为作品注入令人陶醉的紧张感。他们的这种能力与生俱来，深入基因，所以无法复制。他们属于稀有物种。如果我们能像他们一样写作，那我们早就成名了，我们的作品也会成为各所大学研究生研讨班研究的对象。另外，绝大多数极为成功的作家们也不会像他们那样写作。

用更客观理性的语言来说，有一个看似不遵循规则却也成功的作家，就有数百万个真的尝试无视规则结果让文稿石沉大海的创作者。你不知道有这些稿件，因为它们都被销毁了。可能这些创作者无视了他们得到的反馈，或者是更糟的情况：他们根本就没有问过别人的意见。

◎ 不知道问题在哪里，怎能改进

创作者需要中肯的反馈，而一个能得到中肯意见的地方就是"创作团队"。一个高效的创作团队的成员应该有敏锐的观察力，不仅能指出问题所在，而且能告诉你为什么会出现问题。当然，重点是他们也必须提供公正的评价。指出问题在哪里并不难，难的是搞清楚为什么会出现问题。错误的建议会让问题变得更糟糕，或者剔除了一个问题又换上了另一个问题。因此，当你加入一个创作团队时（尤其当那里的人你都不认识时），你最好坐到后面，专心倾听。你可以从他们对彼此作品的批评中学到很多，比从对你的作品的批评中学到更多。为什么呢？

首先，你能亲耳听到他们的评论。当作品在团队中被单独拿出来讲，尤其是在第一次的时候，会让人很紧张，一下子难以接受。还记得前面说到被当众揭发错误有多么难堪吗？作品受到批评也会让你有类似的感觉。大家都看着你，你脸红了，耳朵里嗡嗡作响，忽然感觉房间里热得难受。人们在说话，可你听不清他们在说什么。要听懂都已经很困难了，更不要说做客观分析。

其次，当他们评论别人的时候，你更容易判断他们的评论是一语中的还是不着边际。对于他们评论的作品，你也会有自己的看法，因此你能够判断他们的评论是否深刻、有见地，表达方式是否合理，既让创作者容易接受，同时又毫无保留。

还有一点要记住，创作团队要一部分一部分地听你的故事，因此，团队成员很难判断这个故事结构是否完善，故事情节是否通顺连贯，铺垫是否有相应的结局，或者具体来说，他们很难判断那段对杰米初吻经历的唯美描写，与她和 68 岁的祖母一起攀登喜马拉雅山这个情节有什么关系。

◎ 聘请专业人士

说到获取反馈，我们还有一个选择，这一选择现在越来越受欢迎。最近，在纽约一家文稿代理中心工作的同事告诉我："完善写作技巧，拿出经过了专业润色的文稿，现在变得越来越重要了。不要指望任何人对你的文稿进行'修补'，经纪人或者编辑都不行。大家的时间都很紧，所以文稿要经过多次改写并在编辑审校之后才能交给业内人士去过目，最后考虑发表。因此现在聘请自由职业编辑和顾问帮忙完善文稿变得越来越普遍。"

好消息是，有很多优秀的自由职业文学顾问可以给你提供客观专业的反馈，他们不仅能帮助你改写故事，而且还能在此过程中完善你的写作技巧。坏消息是，只要在谷歌搜索里输入"文学顾问"，你会发现出来的结果太多了，有些很好，有些可不一定，你很难选择。我建议要请就请一个具备出版专业背景的人，可以是文学经纪人或者文学编辑。如果你做编剧，就要找真正具有编剧经验的人。如果你在考虑聘请故事分析师，那就查查他们就职于哪家制作公司或工作室，从事这一行有多久。经验很重要，因为虽然随便一个实习生都能够看出剧本或小说好不好，但是很少人能讲清楚不好的地方为什么不好，而能告诉你该如何改进的人就更少了。

◎ 先读其他作品的评论

在面对批评反馈之前，你可以先读读各种评论文章，书评、影评等，锻炼一下心理素质。有什么用呢？这样可以培养客观判断力。把自己当成被评论的那本书的作者，把读评论看成一个培训课程。这些评论家们可是不留情面的，因为这是他们的职责，也是他们的兴趣所在。

例如，在《纽约时报》首席影评人 A.O. 斯科特（A.O. Scott）对电影版《达·芬奇密码》的评论中，他既对原作者丹·布朗也对编剧阿齐瓦·高斯曼进行了抨击，先是称布朗的畅销书为"教人写幼稚英文句的启蒙读本"，随后又斥责高斯曼"私自编造一些不合时宜的对话"。[10]

真是尖刻呀！不过至少这些话只是针对文本，并不针对作者本人。对作者本人的抨击并不少见，请看网络杂志《抨击》（*Slate*）影评人达娜·史蒂文斯对根据伊丽莎白·沃策尔的畅销传记小说《普罗萨克王国》（*Prozac Nation*）改编的电影的评论：

> 的确，《普罗萨克王国》是一部愚蠢至极的电影。这么说吧，那些矫揉造作的中产阶级少女熬几天几夜为《哈佛大学学生报》写几篇关于卢·里德的文章（"我感受他冰冷的拥抱、躲躲闪闪的爱抚"），她们本身就是天生的蠢货……一旦影片试图正式表现沃策尔的悲剧姿态时，它就支支吾吾，言语错乱。[11]

这就更难听了！史蒂文斯一口气抨击了小说、电影、沃策尔本人。白纸黑字，公开发表，所有人都看得到。如今在互联网上所有人都看得到任何人对任何事的评论，这两篇影评全世界的人都触手可及，只要敲几次键盘，全天候随时可以看到。

也就是说，不管你之前取得了多大的成功，从现在起，你的作品将任由他人点评分析。有些人会对它发起千奇百怪的肆意攻击，有些人会吹毛求疵地检查你的作品，找到一些令人难以置信的漏洞并公之于众。

如果你都难以忍受朋友的批评,那想象一下听陌生人公开的抨击会是什么感觉。所以说你的目标就是让自己坚强起来。并不是说要你一开始就脸皮厚到没有感觉,痛感是无法避免的。米格尔·德·塞万提斯·萨维德拉(Miguel de Cervantes Saavedra)曾说:"没有父母会觉得自己的孩子丑陋,这种自我欺骗、自我安慰在涉及思维的产物时更为强烈。"[12]

◎ 阳光总在风雨后

把整个小说改写两次、三次甚至四次,这样做值不值得?改五六次呢?到底要改多少次?说不清楚。也许听听这个故事,你会有自己的答案。这个故事充分说明创作的道路是多么漫长,最终的回报又是多么甜蜜。

1999年,在电影行业做了十年的剧本审稿员兼助理之后,迈克尔·阿尔恩特觉得自己已经付出了足够多的努力,也攒了一小笔存款,该做一些改变了。于是他辞掉工作,专门从事剧本创作。他先后写了六个故事,六个都被他扔到了废纸篓。到第七个的时候,他写了三天,自己感觉还不错。于是他坚持写下去,前前后后写了一百多稿。他的人生格言是:如果不能把一件事情做好,那么做这件事情就没有意义。他践行了自己的格言,把事情做到了最好。[13]

这也许就是他六年之后凭《阳光小美女》(Little Miss Sunshine)获得奥斯卡最佳原创剧本奖的原因吧。他为什么能获此殊荣?因为他并不执着于自己的想法,执着于第一稿,或者第九十九稿。他在意的是故事本身,是我们读者。他知道,读者与作者素昧平生,没有理由放过作品的任何问题。所以他没有要求我们宽容对待他创作的故事。唯一的请求只是让我们坐下来，放松，然后专心听他讲故事。想象一下，如果你有这样的专注度和决心，你创作的故事能获得多大的成功。你不需要是天才，尽管很可能你有创作天赋。你需要的是毅力和坚持。作家身份的标志就是他的作品。握笔伏案，日复一日，没有理由，坚持不懈。正如杰克·伦敦（Jack London）所言："你不能坐等灵感上门，你必须拿着笔去追它。"海明威也说："每天都要写作。无论前一天或前一晚发生了什么，第二天早上都得爬起来动笔写一点。"[14]

只有到了这个程度，你创作的故事才会慢慢浮出水面。告诉你一个秘密：一旦你掌握了我们读者阅读故事时的本能反应，知道从第一句开始我们渴望读到什么，那我们听到的就是你呈现的真相。如神经科学家大卫·伊格曼所言："当你把大量的片段融合到一起时，所形成的整体将大于片段的总和……'突变新生属性'这一概念的意思是，整体会产生构成整体的任何部分都不具有的属性。"[15]

故事中浮现出来的是你的愿景，交由读者去看，交给读者自己去体验。那么你还等什么呢？写起来吧！虽然你的潜在读者还没有看到你手头上的作品，但他们正急切地等着看你写的故事呢！

致　　谢

我先后分别从故事创作和神经科学中了解到，我们做的每个决定都以决定之前发生在自己身上的所有事情为基础。那么理所当然的，本书的出版要归功于很多人，他们慷慨地给了我精神鼓励、专业意见和物质上的支持。

比如，如果不是因为有一群极具天赋的朋友、家人、同事，我对故事的了解不可能达到现在的程度，这些亲友们包括：珍妮·卢西亚诺、保罗·F.艾布拉姆斯、艾米·贝迪克、朱迪·托比、比尔·孔塔尔迪、帕米拉·卡茨、理查德·瓦尔特、莫娜·弗里德曼、萨拉·科隆、朱迪·内尔森、玛莎·托马斯、拉登娜·马布里、阿布拉·比格姆、布雷特·哈德森、道格·迈克尔、维基·乔伊、埃利斯·查耶特、玛尼–波默兰茨·麦克莱恩、安吉拉·里纳尔迪、弗兰西斯·菲普斯、A.卡尔诺、纽曼·伍尔夫。

感谢琳达·维妮斯，她是加州大学洛杉矶分校创作进修项目的策划人。感谢项目中的全体优秀职员，其中包括梅伊·雷斯皮西奥、凯瑟琳·弗莱厄蒂、萨拉·邦德。在创作进修班的教学工作拓展、完善了我对创作的理解，感谢天资聪颖的学生，他们对我的教学做出了真实反馈，给了我启发。特别感谢米歇尔·蒙哥马利，一天晚上下课以后她找到我说："你总是对我们说每个人都有时间写本书，你自己怎么没写呢？"还要感谢托米·霍金斯、吉尔·拜尔、希尔·凯马勒·赛德勒，这几位学生提出的许多独到的问题，促使我不断前进。

在本书的修改过程中，承蒙多位相关人士认真阅读书稿，百忙之中抽出时间给出诸多反馈意见，使本书有了很大的改进，在此一并表示感谢：琳达·魏恩曼、卡洛琳·里维特、丽萨·多克托、雷切尔·卡恩、科林·金德利、卡莱恩·罗伯逊、米歇尔·菲欧达利索、查理·皮特斯、兰迪·莱温德尔、乔恩·齐耶斯、彻里莱恩·帕森斯、罗纳尔多·多克托博士、莫雷·诺塞尔、克里斯·内尔森、温迪·泰勒、罗伯特·洛特斯坦因、卡伦·卡尔、罗伯特·沃尔夫、雷伊·利文。

我从事故事创作研究已有多年，但接触神经科学是近几年的事情。认知神经科学领域的联合创始人迈克尔·加扎尼加先生在百忙之中阅读了书稿，并给予了一定的认可，对此我深感荣幸。

致不知疲倦、富有洞见、直率坦诚的自由职业编辑珍妮·纳什：如果没有你，就不可能有这本书，不胜感激。将永恒的谢意献给我的女儿安妮，她兴致勃勃地看了我的文稿无数遍，总是能用她的慧眼发现别人（尤其是我）没有注意到的那些"不说看不出来，一说就显而易见"的逻辑失误。本书很多想法得以成形，还要归功于我与儿子彼特的交谈，他对故事的热爱不亚于我自己。我非常乐意和他探讨故事创作，我从他那里获益良多。感谢作家杰森·本乐维（Jason Benlevi）一直以来对我的信任，特别是在我都不相信自己的时候。还要感谢另一位作家托马斯·科洛尼尔（Thomas

Koloniar），他教给我关于勇气、毅力和忠诚的宝贵经验。

任何言辞都无法充分表达我对德菲奥公司（DeFiore & Company）劳丽·埃布凯米尔女士的感激之情，她是我的书稿经纪人，为人热情通达，才华横溢。她神奇地使得整个过程轻松自如，有多少人能做到这一点呢？另外，如果没有聪明能干的编辑丽莎·韦斯特莫兰德女士，那么本书和现在看到的状况就大不相同了（恐怕都没有成书）。多亏了她以及十速出版社（Ten Speed Press）的杰出团队，否则本书远远达不到出版的标准。

衷心感谢我的丈夫斯图亚特·德玛尔，在自身繁忙的工作之余，贴心地包揽了每日三餐及全部家务，让我能够安心工作到深夜。只有真正的男子汉才能做到这一点。最后，将永恒的感谢献给我的终身好友唐·哈尔彭，是他使一切成为可能。我们之间的友谊堪比达蒙与皮西亚斯的莫逆之交。

尾 注

前言

1. Gazzaniga, M. 2008. *Human: The Science Behind what Makes Your Brain Unique.* p. 220. New York: Harper Perennial.

2. Tooby, J., et al. 2001. Does Beauty Build Adapted Minds? Toward and Evolutionary Throry of Aesthetics, Fiction and the Arts. *SubStance.* 30(1): 6-27.

3. Tooby, J., et al. 2001. Does Beauty Build Adapted Minds? Toward and Evolutionary Throry of Aesthetics, Fiction and the Arts. *SubStance.* 30(1): 6-27.

4. Pinker, S. 1997; reissued 2009. *How the Mind Works.* p. 539. New York: W.W. Norton & Company, Inc.

5. Djikic, Maja, Oatley, Keith, Zoeterman, Sara and Peterson, Jordan B.(2009)'On Being Moved by Art: How ReadingFiction Transforms the Self',Creativity Research Journal,21:1,24 - 29.

6. Psyorg.com: Science: Physics: Tech; Nano: News. 2009. Readers Build Vivid Mental Simulations of Narrative Situations, Brain Scans Suggest. http://www.physorg.com/print152210728.html (posted January 26, 2009).

第一章

1. Wilson, T. D. 2002. *Strangers to Ourselves: Discovering the Adaptive Unconscious.* p. 24. Cambridge, Massachusetts, and London, England: The Belknap Press of Harvard University Press.

2. Restak, R. 2006. *The Naked Brain: How the Emerging Neurosociety is Changing How We Live, Work and Love.* p. 24. New York: Three Rivers Press.

3. Eagleman, D. 2011. *Incognito: The Secret Lives of the Brain.* p. 132. New York: Pantheon

4. Damasio, A. 2010. *Self Comes to Mind: Constructing the Conscious Brain.* p. 293. New York: Pantheon.

5. Damasio, A. 2010. *Self Comes to Mind: Constructing the Conscious Brain.* p. 173. New York: Pantheon.

6. Damasio, A. 2010. *Self Comes to Mind: Constructing the Conscious Brain.* p. 296. New York: Pantheon.

7. Pinker, S. 1997; reissued 2009. *How the Mind Works.* p. 543. New York: W.W. Norton & Company, Inc.

8. Boyd, B. 2009. *On the Origin of Stories: Evolution, Cognition, and Fiction.* p. 393. Cambridge, Massachusetts, and London, England: The Belknap Press of Harvard University Press.

9. Lehrer, J. 2009. *How We Decide.* p. 38. Boston and New York: Houghton Mifflin Harcourt.

10. Read, M. 2007. *Your Brain is (Almost) Perfect: How We Make Decisions.* p. 111. New York: Plume.

11. Leavitt, C. 2005. *Girls in Trouble.* p. 1. New York: St. Martin's Griffin.

12. Restak, R. 2006. *The Naked Brain: How the Emerging Neurosociety is Changing How We Live, Work and Love.* p. 77. New York: Three Rivers Press.

13. http://www.walesonline.co.uk/news/wales-news/2009/09/16/author-s-astonishing-attack-on-da-vinci-code-best-seller-brown-91466-24700451/.

第二章

1. Lindstrom, M. 2010. *buy-ology: Truth and Lies About Why We Buy.* p. 199. New York: Broadway Books.

2. Simpson, P. 2004. *Stylistics.* p. 115. London: Routledge.

3. Boyd, B. 2009. *On the Origin of Stories: Evolution, Cognition, and Fiction.* p. 134. Cambridge, Massachusetts, and London, England: The Belknap Press of Harvard University Press.

4. Wilson, T. D. 2002. *Strangers to Ourselves: Discovering the Adaptive Unconscious.* p. 28. Cambridge, Massachusetts, and London, England: The Belknap Press of Harvard University Press.

5. Lehrer, J. 2009. *How We Decide.* p. 37. Boston and New York: Houghton Mifflin Harcourt.

6. Boyd, B. 2009. *On the Origin of Stories: Evolution, Cognition, and Fiction.* p. 134. Cambridge, Massachusetts, and London, England: The Belknap Press of Harvard University Press.

7. Damasio, A. 2010. *Self Comes to Mind: Constructing the Conscious Brain.* p. 168. New York: Pantheon.

8. Maxwell, R and Dickman, R, 2007; *The Elements of Persuasion: Use Storytelling to Pitch Better, Sell Faster & Win More Business.* p. 4. New York: Harper Business.

9. Pinker, S. 1997; reissued 2009. *How the Mind Works.* p. 539. New York: W.W. Norton & Company, Inc.

10. Strout, E. 2008. *Olive Kittridge* p. 281. New York: Random House Trade Paperbacks.

11. Strout, E. 2008. *Olive Kittridge* p. 224. New York: Random House Trade Paperbacks.

12. Waugh, E. 1995. *The Letters of Evelyn Waugh* edited by Amory, M. p. 574. London: Phoenix.

13. Mitchell, M. 2008. *Gone with the Wind* p. 1453. New York: Simon & Schuster Pocketbooks.

14. Golding, W. 2003. *Lord of the Flies* p. 304. New York: Perigee Trade.

15. http://www.gale.cengage.com/free_resources/chh/bio/marquez_g.htm.

16. Mitchell, M. 2008. *Gone with the Wind.* p. 1453. New York: Simon & Schuster Pocketbooks.

第三章

1. Lehrer, J. 2009. *How We Decide.* p. 13. Boston and New York: Houghton Mifflin Harcourt.

2. Damasio, A. 1994. *Descartes' Error: Emotion, Reason, and the Human Brain.* p. 34-50. New York: Penguin.

3. Pinker, S. 1997; reissued 2009. *How the Mind Works.* p. 373. New York: W.W. Norton & Company, Inc.

4. Gazzaniga, M. 2008. *Human: The Science Behind what Makes Your Brain Unique.* p. 226. New York: Harper Perennial.

5. Damasio, A. 2010. *Self Comes to Mind: Constructing the Conscious Brain.* p. 254. New York: Pantheon.

6. Gazzaniga, M. 2008. *Human: The Science Behind what Makes Your Brain Unique.* p. 179. New York: Harper Perennial.

7. Wilson, T. D. 2002. *Strangers to Ourselves: Discovering the Adaptive Unconscious.* p. 38. Cambridge, Massachusetts, and London, England: The Belknap Press of Harvard University Press.

8. George, Elizabeth. 2008. *Careless in Red.* p. 94. New York: Harper.

9. Shreve, A. 1999. *The Pilot's Wife.* p. 1. New York: Little Brown & Company.

10. Leonard, E. 2005. *Freaky Deaky.* p. 117. New York: William Morrow Paperbacks.

11. George, Elizabeth. 2008. *Careless in Red.* p. 99. New York: Harper.

12. Restak, R. 2006. *The Naked Brain: How the Emerging Neurosociety is Changing How We Live, Work and Love.* p. 65. New York: Three Rivers Press.

13. Pinker, S. 1997; reissued 2009. *How the Mind Works.* p. 421. New York: W.W. Norton & Company, Inc.

14. Gazzaniga, M. 2008. *Human: The Science Behind what Makes Your Brain Unique.* p. 190. New York: Harper Perennial.

15. Heath, C. and Heath, D. 2007. *Made to Stick: Why Some Ideas Survive and Others Die.* p. 20. New York: Random House.

16. Franzen, J, Life and Letters, "Mr. Difficult," p. 100. The New Yorker, September 30, 2002.

第四章

1. Pinker, S. 1997; reissued 2009. *How the Mind Works.* p. 188. New York: W.W. Norton & Company, Inc.

2. Iacoboni, M. 2008. *Mirroring People: The New Science of How We Connect with Others.* p. 34. New York: Farrar, Straus & Giroux.

3. Gazzaniga, M. 2008. *Human: The Science Behind what Makes Your Brain Unique.* p. 179. New York: Harper Perennial.

4. Boyd, B. 2009. *On the Origin of Stories: Evolution, Cognition, and Fiction.* p. 143. Cambridge, Massachusetts, and London, England: The Belknap Press of Harvard University Press.

5. Psyorg.com: Science: Physics: Tech; Nano: News. 2009. Readers Build Vivid Mental Simulations of Narrative Situations, Brain Scans Suggest. http://www.physorg.com/print152210728.html (posted January 26, 2009).

6. Pinker, S. 1997; reissued 2009. *How the Mind Works.* p. 61. New York: W.W. Norton & Company, Inc.

7. Public Papers of the Presidents of the United States, Dwight D. Eisenhower, 1957: Containing the Public Messages, Speeches, and Statements of the President, January 1 to December 31, 1957; General Services Administration, National Archives and Records Service, Federal Register Division; Washington, DC; 1958.

8. Barnes, J. 1990. *Flaubert's Parrot.* New York: Vintage.

9. Greater Good: The Science of a Meaningful Life, Fall/Winter 2005-6. Oatley, K. "A Feeling for Fiction."http://greatergood.berkeley.edu/article/item/a_feeling_for_fiction/.

10. Nash, J. 2010. *The Threadbare Heart.* p. 9. New York: Berkley Trade.

第五章

1. Wilson, T. D. 2002. *Strangers to Ourselves: Discovering the Adaptive Unconscious.* p. 31. Cambridge, Massachusetts, and London, England: The Belknap Press of Harvard University Press.

2. Gazzaniga, M. 2008. *Human: The Science Behind what Makes Your Brain Unique.* p. 272. New York: Harper Perennial.

3. Schulz, K. 2010. *Being Wrong: Adventures in the Margin of Error.* p. 109. New York: ecco.

4. Damasio, A. 2010. *Self Comes to Mind: Constructing the Conscious Brain.* p. 211. New York: Pantheon.

5. Eliot, T.S. 1968. *Four Quartets.* p. 59. Boston: Mariner Books.

6. Gazzaniga, M. 2008. *Human: The Science Behind what Makes Your Brain Unique.* p. 190. New York: Harper Perennial.

7. Gazzaniga, M. 2008. *Human: The Science Behind what Makes Your Brain Unique.* p. 274. New York: Harper Perennial.

第六章

1. Pinker, S. 1997; reissued 2009. *How the Mind Works.* p. 285. New York: W.W. Norton & Company, Inc.

2. Pinker, S. 1997; reissued 2009. *How the Mind Works.* p. 290. New York: W.W. Norton & Company, Inc.

3. Gazzaniga, M. 2008. *Human: The Science Behind what Makes Your Brain Unique.* p. 286. New York: Harper Perennial.

4. Damasio, A. 2010. *Self Comes to Mind: Constructing the Conscious Brain.* p. 188. New York: Pantheon.

5. Ramachandran, V.S. 2011. *The Tell-Tale Brain: A Neuroscientist's Quest for What Makes Us Human.* P. 242. New York: W.W. Norton & Company.

6. Damasio, A. 2010. *Self Comes to Mind: Constructing the Conscious Brain.* p. 121. New York: Pantheon.

7. Damasio, A. 2010. *Self Comes to Mind: Constructing the Conscious Brain.* p. 46-7. New York: Pantheon.

8. Lakoff, G. "Metaphor, Morality, and Politics, Or, Why Conservatives Have Left Liberals In The Dust" Social Research, Vo. 62, No. 2, pp. 177-214, Summer, 1995.

9. Pinker, S. 1997; reissued 2009.*How the Mind Works.* p. 353. New York: W.W. Norton & Company, Inc.

10. Ted: Ideas Worth Spreading. James Geary: Metaphorically Speaking. http://www.ted.com/talks/lang/eng/james_geary_metaphorically_speaking.html (posted December, 2009).

11. Aristotle. 2011. *Poetics.* p. 53. Witch Books (There's no city given, seems as if someone has published it on their own).

12. Brown, E. 2011.*The Weird Sisters.* p. 71. New York: Amy Einhorn Books/Putnam.

13. NPRhttp://www.npr.org/2011/10/29/141798505/tony-bennetts-art-of-intimacy.

14. Heath, C. and Heath, D. 2007. *Made to Stick: Why Some Ideas Survive and Others Die.* p. 139. New York: Random House.

15. Pinker, S. 1997; reissued 2009.*How the Mind Works.* p. 377. New York: W.W. Norton & Company.

16. Marquez, G.G. 2007. *Love in the Time of Cholera.* p. 6. New York: Vintage Books.

第七章

1. Damasio, A. 2010. *Self Comes to Mind: Constructing the Conscious Brain.* p. 292. New York: Pantheon.

2. Lehrer, J. 2009. *How We Decide.* p. 210. Boston and New York: Houghton Mifflin Harcourt.

3. Wilson, T. D. 2002. *Strangers to Ourselves: Discovering the Adaptive Unconscious.* p. 155. Cambridge, Massachusetts, and London, England: The Belknap Press of Harvard University Press.

4. The Dana Foundation: Your Gateway to Information About the Brain and Brain Research. Patoine, B. Desperately Seeking Sensation: Fear, Reward, and the Human Need for Novelty Neuroscience Begins to Shine Light on the Neural Basis of Sensation-Seeking. http://www.dana.org/media/detail.aspx?id=23620 (accessed May 24, 2011).

5. Restak, R. 2006. *The Naked Brain: How the Emerging Neurosociety is Changing How We Live, Work and Love.* p. 216. New York: Three Rivers Press.

6. Proceedings of the National Academy of Sciences of the United States of America. 2011. Kross, E., et al. Social rejection shares somatosensory representations with physical pain. Proc NatlAcadSci U S A. 2011 April 12; 108(15): 6270-6275. http://www.ncbi.nlm.nih.gov/pmc/articles/PMC3076808/ (Published online 2011 March 28).

7. Damasio, A. 2010. *Self Comes to Mind: Constructing the Conscious Brain.* p. 54. New York: Pantheon.

8. Gazzaniga, M. 2008. *Human: The Science Behind what Makes Your Brain Unique.* p. 188-9. New York: Harper Perennial.

9. Strategy + Business. 2006. Rock, D. and Schwartz, J. The Neuroscience of Leadership. http://www.strategy-business.com/webinars/webinar/webinar-neuro_lead?gko=37c54.

第八章

1. Wright, J.P. 1983. *The Skeptical Realism of David Hume.* p. 209. Manchester: Manchester University Press.

2. Damasio, A. 2010. *Self Comes to Mind: Constructing the Conscious Brain.* p. 133. New York: Pantheon.

3. Gazzaniga, M. 2008. *Human: The Science Behind what Makes Your Brain Unique.* p. 262. New York: Harper Perennial.

4. Ted: Ideas Worth Spreading. Kathryn Schulz: On being wrong. http://www.ted.com/talks/kathryn_schulz_on_being_wrong.html (posted April, 2011).

5. Damasio, A. 2010. *Self Comes to Mind: Constructing the Conscious Brain.* p. 173. New York: Pantheon.

6. Boyd, B. 2009. *On the Origin of Stories: Evolution, Cognition, and Fiction.* p. 89. Cambridge, Massachusetts, and London, England: The Belknap Press of Harvard University Press.

7. NPR. 2010. Jennifer Egan Does Avant-Garde Fiction — Old School. http://www.npr.org/templates/story/story.php?storyId=128702628 (posted July 26, 2010).

8. http://www.guardian.co.uk/uk/2004/feb/10/booksnews.ireland.

9. Franzen, J. "Q. & A. Having Difficulty with Difficulty" The New Yorker Online Only, Issue of 2002-09-30; Posted 2002-09-23.

10. NPR. 2010. Jennifer Egan Does Avant-Garde Fiction — Old School. http://www.npr.org/templates/story/story.php?storyId=128702628 (posted July 26, 2010).

11. Boyd, B. 2009. *On the Origin of Stories: Evolution, Cognition, and Fiction.* p. 91. Cambridge, Massachusetts, and London, England: The Belknap Press of Harvard University Press.

12. http://berlin.wolf.ox.ac.uk/lists/quotations/quotations_by_ib.html.

13. Twain, M. 2007. *The Complete Letters of Mark Twain.* p. 415. Teddington, UK: Echo Library.

14. Boswell, J. 1998. *The Life of Samuel Johnson.* p. 528. New York: Oxford University Press, USA.

第九章

1. Restak, R. 2006. *The Naked Brain: How the Emerging Neurosociety is Changing How We Live, Work and Love.* p. 216. New York: Three Rivers Press.

2. Dunbar, R.I.M. 2005. Why Are Good Writers So Rare? An Evolutionary Perspective on Literature *Journal of Cultural and Evolutionary Psychology,* Vol 3(1): 7-21.

3. Gazzaniga, M. 2008. *Human: The Science Behind what Makes Your Brain Unique.* p. 220. New York: Harper Perennial.

4. Pinker, S. 1997; reissued 2009. *How the Mind Works.* p. 541. New York: W.W. Norton & Company, Inc.

5. Mar, R.A., et al. 2008. The function of fiction is the abstraction and simulation of social experience. *Perspectives on Psychological Science,* Vol 3(3):173-192.

6. Sturges, P. 1986. *Five Screenplays by Preston Struges.* p. 541. Berkeley: University of

California Press.

7. Schulz, K. 2010. *Being Wrong: Adventures in the Margin of Error.* p. 26. New York: ecco.

8. Vendler, H. 2010. *Dickinson: Selected Poems and Commentaries.* p. 54. Cambridge: Belknap Press of Harvard University Press.

9. Pennebaker, J.W. 1985. Traumatic experience and psychosomatic disease: Exploring the roles of behavioural inhibition, obsession, and confiding.
Canadian Psychology/Psychologiecanadienne, 26(2): 82-95.

10. Damasio, A. 2010. *Self Comes to Mind: Constructing the Conscious Brain.* p. 121. New York: Pantheon.

11. Pinker, S. 1997; reissued 2009. *How the Mind Works.* p. 540. New York: W.W. Norton & Company, Inc.

12. McGilligan, P. 1986. *Backstory: Interviews with Screenwriters of Hollywood's Golden Age.* p. 238. Berkeley and Los Angeles: University of California Press.

13. Carlyle, T. 2010. *The Best Known Works of Thomas Carlyle: Including Sartor Resartus, Heroes and Hero Worship and Characteristics.* p. 122. Rockville, MD: Wildside Press.

14. Plutarch. 1967. *Plutarch's Lives, Volume 3.* p. 399. Cambridge, MA: Harvard University Press.

15. Jung, C.G. 1983. *Alchemical Studies (Collected Works of C.G. Jung Vol.13)* p. 278. Princeton, NJ: Princeton University Press.

第十章

1. Boyd, B. 2009. *On the Origin of Stories: Evolution, Cognition, and Fiction.* p. 89. Cambridge, Massachusetts, and London, England: The Belknap Press of Harvard University Press.

2. Gould, S.J. 1991. *Bully for Brontosaurus: Reflections in Natural History.* p. 268. New York: W. W. Norton & Company.

3. Damasio, A. 2010. *Self Comes to Mind: Constructing the Conscious Brain.* p. 64. New York: Pantheon.

4. Gazzaniga, M. 2008. *Human: The Science Behind what Makes Your Brain Unique.* p. 226. New York: Harper Perennial.

5. Heath, C. and Heath, D. 2007. *Made to Stick: Why Some Ideas Survive and Others Die.* p. 286. New York: Random House.

6. Strategy + Business. 2006. Rock, D. and Schwartz, J. The Neuroscience of Leadership. http://www.strategy-business.com/webinars/webinar/webinar-neuro_lead?gko=37c54.

7. Chandler, R. 1997. *Raymond Chandler Speaking.* p. 65. Berkeley and Los Angeles, CA: University of California Press.

8. Stanford University News. 2009. Media multitaskers pay mental price, Stanford study shows. http://news.stanford.edu/news/2009/august24/multitask-research-study-082409.

9. Boyd, B. 2009. *On the Origin of Stories: Evolution, Cognition, and Fiction.* p. 90. Cambridge, Massachusetts, and London, England: The Belknap Press of Harvard University Press.

10. Leavitt, C. 2005. *Girls in Trouble.* p. 98. New York: St. Martin's Griffin.

第十一章

1. Klein, S. B. et al. 2002. Decisions and the Evolution of Memory: Multiple Systems, Multiple Functions. *University of California, Santa Barbara Psychological Review.* 109(2): 306-329.

2. Damasio, A. 2010. *Self Comes to Mind: Constructing the Conscious Brain.* p. 211. New York: Pantheon.

3. Gazzaniga, M. 2008. *Human: The Science Behind what Makes Your Brain Unique.* p. 187-8. New York: Harper Perennial.

4. Gazzaniga, M. 2008. *Human: The Science Behind what Makes Your Brain Unique.* p. 224. New York: Harper Perennial.

5. Pinker, S. 1997; reissued 2009. *How the Mind Works.* p. 540. New York: W.W. Norton & Company, Inc.

6. Lehrer, J. 2009. *How We Decide.* p. 237. Boston and New York: Houghton Mifflin Harcourt.

7. http://blog.nathanbransford.com/2007/03/setting-pace.html; posted March 5, 2007.

8. Boyd, B. 2009. *On the Origin of Stories: Evolution, Cognition, and Fiction.* p. 90. Cambridge, Massachusetts, and London, England: The Belknap Press of Harvard University Press.

9. Mosley, W. 2003. *Fear Itself.* p. 140. New York: Little Brown & Company.

10. Gazzaniga, M. 2008. *Human: The Science Behind what Makes Your Brain Unique.* p. 190. New York: Harper Perennial.

第十二章

1. Restak, R. 2006. *The Naked Brain: How the Emerging Neurosociety is Changing How We Live, Work and Love.* p. 23. New York: Three Rivers Press.

2. Fletcher, P.C. et al. 2005. On the Benefits of Not Trying: Brain Activity and Connectivity Reflecting the Interactions of Explicit and Implicit Sequence Learning. *Cerebral Cortex.* 15(7): 1002-1015.

3. Restak, R. 2006. *The Naked Brain: How the Emerging Neurosociety is Changing How We Live, Work and Love.* p. 23. New York: Three Rivers Press.

4. Simon, H. A. 1997. *Models of Bounded Rationality, Vol 3: Empirically Grounded Economic Reason.* p. 178. Cambridge, Massachusetts: The MIT Press.

5. Damasio, A. 2010. *Self Comes to Mind: Constructing the Conscious Brain.* p. 275. New York: Pantheon.

6. Irving, J. 1996. *Trying to Save Piggy Sneed.* p. 5. New York: Arcade Publishing.

7. Silverstein, S. 2009. *Not Much Fun: The Lost Poems of Dorothy Parker.* p. 47. New York: Scribner.

8. Dunbar, R.I.M. 2005. Why Are Good Writers So Rare? An Evolutionary Perspective on Literature *Journal of Cultural and Evolutionary Psychology,* Vol 3(1): 7-21.

9. Dutton, D.G., et al. 1974. Some evidence for heightened sexual attraction under conditions of high anxiety. *Journal of Personality and Social Psychology.* 30(4): 510-517.

10. Scott, A.O. "'Da Vinci Code' Enters Yawning." The New York Times 05/17/2006. 09/09/2009. http://www.nytimes.com/2006/05/17/arts/17iht-review.1767919.html?scp=7&sq=goldsman%20da%20vinci%20brown&st=cse.

11. http://www.slate.com/articles/news_and_politics/surfergirl/2005/03/what_have_you_done_with_my_office.2.html; Posted 3/24/05.

12. CervantesSaaveda, M. 2011. *The Life And Exploits Of The Ingenious Gentleman Don Quixote De La Mancha, Volume 2.* p. 104. Charleston, South Carolina: Nabu Press.

13. Thompson, Anne. "'Closet screenwriter' Arndt comes into light." The Hollywood Reporter 11/17/2006.

14. Strickland, B. editor. 1992. *On Being a Writer.* Cincinnati, OH: Writers Digest Books.

15. Eagleman, D. 2011. *Incognito: The Secret Lives of the Brain.* New York: Pantheon.